人生的意義

The Meaning of Life: A Very Short Introduction

U0118389

The Meaning of Life: A Very Short Introduction

人生的意義

特里·伊格爾頓（Terry Eagleton）著

朱新偉 譯

OXFORD
UNIVERSITY PRESS

Oxford University Press is a department of the University of Oxford.
It furthers the University's objective of excellence in research, scholarship,
and education by publishing worldwide. Oxford is a registered trade mark of
Oxford University Press in the UK and in certain other countries

Published in Hong Kong by
Oxford University Press (China) Limited
39/F, One Kowloon, 1 Wang Yuen Street, Kowloon Bay, Hong Kong

This Orthodox Chinese edition © Oxford University Press (China) Limited

The moral rights of the author have been asserted

First edition published in 2017

All rights reserved. No part of this publication may be reproduced, stored in a
retrieval system, or transmitted, in any form or by any means, without the prior
permission in writing of Oxford University Press (China) Limited, or as expressly
permitted by law, by licence, or under terms agreed with the appropriate
reprographics rights organization. Enquiries concerning reproduction outside
the scope of the above should be sent to the Rights Department, Oxford
University Press (China) Limited, at the address above

You must not circulate this work in any other form
and you must impose this same condition on any acquirer

人生的意義

特里·伊格爾頓 (Terry Eagleton) 著

朱新偉譯

ISBN: 978-0-19-047692-2

3 5 7 9 10 8 6 4

English text originally published as *The Meaning of Life: A Very Short Introduction*
by Oxford University Press © Terry Eagleton 2007

版權所有，本書任何部份若未經版權持
有人允許，不得用任何方式抄襲或翻印

For Oliver, who found the whole idea deeply embarrassing

目　錄

圖片鳴謝

1   Wittgenstein
    © Hulton Archive/Getty Images

2   A 'New Age' gathering
    © Matt Cardy/Alamy

3   Jerry Falwell
    © Wally McNamee/Corbis

4   A sports fan
    © Rex Features

5   An Anglican vicar in Monty
    Python's 'The Meaning of Life'
    © Photo12.com/Collection Cinéma

6   Macbeth
    © Hulton Archive/Getty Images

7   Schopenhauer
    © Hulton Archive/Getty Images

8   Waiting for Godot
    © Robbie Jack/Corbis

9   Aristotle
    © Bettmann/Corbis

10 Monty Python's Grim Reaper
    © Photo12.com/Collection Cinéma

11 Death
    © Mark Power/Magnum Photos

12 The Buena Vista Social Club
    © Road Movie Productions/The Kobal
    Collection

The publisher and the author apologize for any errors or omissions in the above list. If contacted they will be pleased to rectify these at the earliest opportunity.

引　言

　　任何一位魯莽決定用這個標題來寫書的作者最好
都準備收到一個郵包，郵包裏裝滿筆跡潦草、附寄各
種複雜的符號圖表的來信。人生的意義，這樣一個主
題既適合瘋子來寫，也適合喜劇演員，我希望自己寧
可是後者而非前者。我盡量用輕鬆明快的方式來處理
這個高尚的主題，同時又不失嚴肅性。但是，這整個
主題涵蓋太廣，近於雜亂，而學術界的討論範圍要小
很多。多年前，我還在劍橋大學唸書，視線被一篇博
士論文的題目吸引，該論文題為「跳蚤的陰道系統略
論」。有人會猜想，這個論文題目不太適合近視眼患
者作研究；但這個標題提醒着一種動人的謙恭，這種
謙恭我很明顯沒有學到。我至少可以保證的是，這是
少數幾本以「人生的意義」為書名，卻沒有講述羅素
(Bertrand Russell)和出租車司機那個段子的著作之一。

　　感謝約瑟夫‧鄧恩(Joseph Dunne)，他閱讀了本書
手稿，並給予了寶貴的批評和建議。

第一章
提問與回答

　　哲學家有一個惹人討厭的習慣：喜歡分析問題，而不是解答問題。我也準備以分析問題的方式開始我的論述。[1]「人生的意義是什麼？」這是一個真問題還是只是看上去像個問題？是否有什麼能充當答案？或者它只是一個偽問題，類似於傳說中的牛津大學入學考試題目，只有一句話：「這是一個好問題嗎？」

　　「人生的意義是什麼？」初看好像和以下問題差不多：「阿爾巴尼亞的首都在哪？」「象牙是什麼顏色的？」但真的差不多嗎？是不是更接近這個問題：「幾何學趣味何在？」

　　有些思想家認為人生的意義問題本身並無意義，之所以如此認為，有一個相當堅實的理由。意義是一個語言層面的東西，無關實體。它是我們討論事情的某種方式，而非像紋理、重量、顏色那樣，是事物本身的屬性。一棵捲心菜或一張心電圖，其本身沒有意義，只有當我們談論它們的時候它們才有意義。照此

1　請允許筆者說明，本人並非哲學家。當然，就算我不說，我的批評者們肯定也會指出這一點。——作者注（以下除特別說明，均為作者注）

推論，我們可以通過談論人生來讓人生變得有意義。但即使如此，人生本身還是沒有意義，就像一朵浮雲本身沒有意義一樣。比如，聲稱一朵浮雲為真或為假，這根本行不通。真與假僅是我們關於浮雲所作的人為命題的功能。與多數哲學主張一樣，這個主張也存在問題。後面我們會考察其中的一些。

我們一起來簡單地看一個比「人生的意義是什麼？」更唬人的質問。也許我們所能提出的最根本的問題是「為什麼一切事物會存在，而不是不存在？」為什麼會存在那些事物，我們首先可以問其「意義何在」？哲學家們對這個問題是真是偽存在爭論，不過大多數神學家的意見是一致的。對多數神學家來說，答案就是「上帝」。上帝之所以被稱為世界的「造物主」，不是因為他是一切創造者的創造者，而是說，上帝是世界萬物存在的根本原因。據神學家說，上帝乃存在之基礎。即使這個世界從不曾開始，這一點對他來說也依然成立。即使某些東西亙古就有，他依然是一切事物之所以存在的終極因。[2]

「為什麼存在萬事萬物，而非一片虛無？」這個問題可以粗略地轉換成「這個世界是如何產生的？」它可被視為因果論的問題：在此情形下，「如何產生」即指「從哪裏產生？」但這顯然不是這個問題真

2　這裏伊格爾頓暗指《聖經·詩篇》中的「你的寶座從太初立定。你從亙古就有」(93：2)這句話自相矛盾。——譯注

正想問的。如果我們努力通過討論世界萬物從哪裏產生來回答這個問題，我們找到的那些原因就包含在這個世界當中；這就變成循環論證了。只有一個不屬於這個世界的原因———一個超驗的原因，正如設想中的上帝———才能避免以這種方式被拖回論證本身。所以，這個問題事實上並不關乎世界如何產生，並且至少對於神學家來說，也不關乎世界的目的，因為在神學家眼中，這個世界根本沒有任何目標。上帝並不是宇宙工程師，在創世時有一個從戰略上經過盤算的目的。上帝是一個藝術家，創造世界只是為了自娛自樂，為了享受創世這個過程本身的樂趣。我們由此可以理解，為什麼大家覺得上帝有某種扭曲的幽默感了吧。

「為什麼存在萬事萬物，而非一片虛無？」毋寧是一種驚嘆：我們很容易推想原本是一片虛無，事實上卻最初就存在着一個世界。也許這就是維特根斯坦（Ludwig Wittgenstein）說「玄妙的不是這個世界的樣貌如何，而是這個世界以這樣的樣貌存在着這一事實」[3]的時候他心裏部分所想的。有人可能會說，這是維特根斯坦版的馬丁·海德格爾（Martin Heidegger）的存在問題，德語叫做 Seinsfrage。海德格爾想追溯到「存在是怎麼來的？」這個問題。他關心的不是特定實體如何產生，而是另一個讓人迷惑的事實，即究竟為什麼

3　維特根斯坦，《邏輯哲學論》（倫敦，1961），6.44。

會有實體存在。這些實體值得我們思考，因為它們本來很可能並不會出現。

不過，許多哲學家，不單單是盎格魯–撒克遜傳統下的哲學家，認為「存在是怎麼產生的」是一個典型的偽問題。在他們看來，即使有解答的可能，也不只是難以回答；令人深深懷疑的是，也許沒有任何東西需要回答。在他們看來，提這種問題就像一個笨頭笨腦的條頓人大吼一聲「哇！」。「存在是怎麼來的」對一個詩人或神秘主義者來說也許是一個有效的問題，對一個哲學家卻不是。尤其是在盎格魯–撒克遜世界，詩學與哲學兩個陣營之間壁壘森嚴。

在《哲學研究》這本著作中，維特根斯坦對真問題和偽問題的區分非常敏感。一段話可能在語法形式上是一個問題，實際上卻不是。或者，語法可能會誤導我們，讓我們把兩種不同的命題混淆起來。「同胞們，一旦敵人被打敗，在勝利的時刻我們還有什麼做不到？」聽起來是一個期待答案的疑問句，但實際上是一個反問句，回答「沒有什麼！」是不明智的。這句話詰問的語氣僅僅是為了提升氣勢。「那又怎麼樣？」「你怎麼不滾？」「你看什麼看？」聽起來是問話，實則不然。「靈魂在身體何處？」可能聽起來像一個合理的問題，但僅僅是因為我們把它當做「腎臟在身體何處？」一類的問題來思考。「我的嫉妒心在哪兒？」這個問題具有真問題的形式，但僅僅是因

為我們無意識地把它和「我的腋窩在哪兒？」當做一類問題。

　　維特根斯坦進而認為，大量的哲學難題都源於此類語言誤用。比如，「我有點痛」和「我有頂帽子」在語法上是相似的，這種相似性可能會誤導我們去認為，能夠像擁有帽子那樣擁有疼痛，或者是擁有更一般的「感受」。但是，說「來，拿着我的疼痛」這種話是奇怪的。詢問「這是你的帽子還是我的？」是有意義的，但要問「這是你的疼痛還是我的？」聽起來就怪怪的。想像一下幾個人在房間裏，像玩擊鼓傳花一樣傳遞疼痛；隨着每個人輪流痛得彎下腰，我們大叫：「啊，現在他正在擁有疼痛！」

　　這聽起來愚蠢，實際上卻有一些相當重要的暗示。維特根斯坦將「我有點痛」和「我有頂帽子」在語法上進行區分，不僅向我們展示了「我」與「他」這樣的人稱代詞的用法，而且顛覆了將個人感受當做私有財產的傳統思維。實際上，我的感受比帽子更具私人性，因為我可以扔掉自己的帽子，但不能扔掉疼痛。維特根斯坦告訴了我們，語法如何蒙蔽着我們的思維；他的論斷具有激進的，甚至是政治上激進的後果。

　　維特根斯坦認為，哲學家的任務不是解決這些疑問，而是消解它們——去揭示它們所產生的根源，即各種他所謂的「語言遊戲」之間的相互混淆。我們被

圖1　路德維希‧維特根斯坦，常被認為是20世紀最偉大的哲學家

自己的語言結構所魅惑，哲學家的工作是祛魅，拆解開詞語的各種用法。由於語言必然具有一定程度的規整性，它很容易讓不同類型的話語顯得極為同一。所以，維特根斯坦戲謔般地引用了《李爾王》中的一句話作為《哲學研究》的卷首題詞：「我來教你什麼是差別。」[4]

不單單是維特根斯坦這麼想。尼采（Friedrich Nietzsche）是19世紀最偉大的哲學家之一，在懷疑是不是出於語法的原因我們才無法擺脫上帝時，他已經比維特根斯坦先行一步。既然語法允許我們建構一系列名詞，而名詞代表獨特的實體，那麼，似乎也可以建構一個位於一切名詞之上的名詞，一個被稱做「上帝」的元實體，若沒有它，我們身邊所有的小實體都將崩潰。然而，尼采既不相信元實體，也不相信那些日常的實體。他認為，諸如上帝、醋栗（gooseberries）等獨特客體的理念本身正是語言的具體化效應。就個體自我來說，他當然相信是這樣的，「個體自我」在他看來不過是一種省事的虛構。他在上面的評論中暗示說，也許存在着一種人類語法，在這種語法中，不可能發生具體化效應。也許這將是未來的語言，說這種語言的是「超人」（德文叫做Übermensch），而超人已經完全超越了名詞和單個的實體，自然也就超越了

4　參見《李爾王》第一幕第四場。朱生豪譯為「我要教訓你知道尊卑上下的分別」。——譯注

上帝之類的形而上學幻象。深受尼采影響的另一位哲學家雅克·德里達，在這一論題上更為悲觀。他和維特根斯坦一樣，認為這種形而上學幻象深植於我們的語言結構之中，根本不可能消除。哲學家不得不向它們展開一場克努特式（Canute-like）的永無休止的戰爭——維特根斯坦視之為某種語言療法，德里達（Jacques Derrida）則稱之為「解構」。[5]

正如尼采認為名詞有具體化效應，有人可能會認為在「人生的意義是什麼」這個問題中，「人生」一詞也是如此。我們稍後會詳細考察這一點。也許還可以這樣想：這個問題無意識地把自己和另一個問題疊加在一起，這才是它誤入歧途的地方。我們可以說「這個值一塊錢，那個也值一塊錢，那麼兩個加起來值多少錢？」似乎我們也可以說「這段人生有意義，那段人生也有意義，那麼各段人生加起來有什麼意義？」可是，各個部分有意義，並不意味着整體就有一個超越於各部分之上的意義，就像有許多小東西，不能僅僅因為它們都被塗成粉色，就可以組裝成一件大東西了。

無疑，以上這些都沒能讓我們接近人生的意義。不過問題是值得探究的，因為在判定什麼可以充當答案時，問題的本質很重要。我們甚至可以說，難就難

5　更為詳細的討論參見拙文《維特根斯坦的朋友們》，收入《格格不入》（倫敦，1986年）。

在提出問題，而不在於尋找答案。眾所周知，一個愚蠢的問題只能招來同樣愚蠢的答案。提出正確的問題能夠打開一片嶄新的知識領域，並使其他極其重要的問題隨之浮現。處於所謂精神的解釋學轉向中的一些哲學家，認為現實就是任何能為問題給出答案的東西。只有當我們向現實發問的時候，現實才會按發問的類型回應我們，就像一個慣犯，不加盤問，他不會自動說話。馬克思曾經略帶神秘地評論說，人類只會提出他們能夠解答的問題——他的意思也許是說，假如我們具備提出某個問題的概念裝置，那麼理論上我們已然有了規定答案的手段。

這部分地是因為，問題不是在真空中提出的。的確，問題並沒有讓人省心地將答案直接綁在自己身後；但是問題暗示了哪種類型的回應至少可以充當答案。問題指給我們一些有限的方向，提示我們到哪裏去尋找答案。撰寫一部知識史的簡便方法，是從人們認為能夠提出或有必要提出的那類問題着手。並非任何問題的提出都可以不拘時間。倫勃朗不可能問「攝影是否淘汰了現實主義繪畫」這樣的問題。

這當然不是說所有的問題都能解答。我們習慣於有問必答，就像我們總覺得一堆碎片應該拼成原貌。但是世界上總歸會有大量問題我們可能一直無法解決，還有許多問題永遠不會有人去解答。拿破崙死的時候頭上有多少根頭髮？當時沒有任何記錄，因而我

們永遠不會知道。或許人類大腦注定無法解決某些問題，比如智力的起源問題。或許這是因為，人類的進化並不要求我們這麼做，正如人類進化也不要求我們去理解《芬尼根守靈夜》或者物理學原理。另一些問題沒有答案，僅僅是因為它們本來就沒有答案，比如麥克白夫人有幾個孩子，或者福爾摩斯的大腿內側有沒有痣。對後面那個問題，肯定的回答或者否定的回答都是無效的。

照這麼說，人生的意義這個問題可能確實有答案，但我們永遠不知道它究竟是什麼。如果是這樣，那麼我們的處境就好像亨利·詹姆斯（Henry James）的小說《地毯上的圖案》裏的敘事者，他所仰慕的一位著名作家告訴他，在他的作品中隱藏着某種設計，這個設計內含於每一個詞組的意象和轉折之中。但還沒來得及告知那充滿困惑又極為好奇的敘事者謎底，作家就死了。可能作家在故意捉弄敘事者。也可能他覺得作品裏有某種設計，實際上卻沒有。也可能敘事者自始至終都看出了這種設計，自己卻渾然不知。也可能呢，他自己能編造出來的任何一種設計都能算做謎底。

甚至還可以這樣來設想：不知道人生的意義正是人生意義的一部分，就像我發表餐後演講的時候不知道自己說了多少個字，這反而有助於我圓滿地完成演講。也許正如馬克思眼中的資本主義一樣，人生就是

依靠着我們不去理解它的根本意義而順利進行下去的。哲學家阿圖爾‧叔本華(Arthur Schopenhauer)也有這種思想，西格蒙德‧弗洛伊德(Sigmund Freud)在某種意義上也是如此。寫過《悲劇的誕生》的尼采認為，人生的真正意義對人類來說太恐怖了，我們需要各種安慰性的幻象才能繼續生活下去。我們所說的「人生」不過是一種必要的虛構。如果不摻入大量的幻想的潤滑劑，現實就會慢慢地停頓下來。

另外，有些道德問題也沒有答案。因為存在着各種不同的美德，比如勇氣、憐憫、正義等，這些美德有時無法互相兼容，有可能引發悲劇性的衝突。社會學家馬克斯‧韋伯(Max Weber)曾以蒼涼的筆調評論：「諸種可能的人生態度無法調和，因而它們之間的衝突沒有終極的解決方案。」[6] 以賽亞‧伯林(Isaiah Berlin)曾以同樣的筆調寫道：「在我們所遭遇的日常經驗的世界中，我們面臨着一些同樣絕對的選擇，實施某種選擇必然會犧牲掉其他選擇。」[7] 有人可能會說，這反映了自由主義的悲劇傾向，這種傾向不同於現如今對「選擇」或「多元選擇」的盲目崇尚，它已經準備好承擔追求自由與多元需要付出的代價。這也和另一種更加樂觀的自由主義意見相左，後者認為多

---

6 馬克斯‧韋伯，《社會學論文集》，H. H. 格特與C. 賴特‧米爾斯合編(倫敦，1991年)，第152頁。

7 以賽亞‧伯林，《自由四論》(牛津，1969年)，第168頁。

元主義本質上是有益的，各種道德價值觀的衝突反而會激發社會的活力。但事實是，有某些情形下，人不可能全身而退。只要情況足夠極端，每一種道德原則都將在接縫處解體。托馬斯·哈代(Thomas Hardy)深深意識到人可能會在無意中把自己陷入道德困境，在此困境中，不管你作出什麼選擇都將對人造成嚴重傷害。倘若一個納粹士兵命令你交出你幾個孩子中的一個來被殺死，你願意犧牲哪一個？這個問題根本沒有答案。[8]

政治領域亦是如此。恐怖主義的唯一終極的解決方案很顯然是實現正義的政治。在這個意義上，恐怖主義儘管殘暴，卻並不是非理性的：比如北愛爾蘭那些通過恐怖手段來促進政治目標的人，在意識到他們所提出的正義與平等的訴求已經得到部分滿足後，認為眼下再實施恐怖活動只會產生反面效果，於是同意停止恐怖活動。但也有些進行恐怖活動的伊斯蘭原教旨主義者聲稱，就算阿拉伯社會提出的條件得到滿足——巴以問題公平解決，美國從阿拉伯領土上撤銷軍事基地，諸如此類——他們傷害和屠殺無辜平民的行為也不會停止。

可能真的不會停止。但是這不過是說，問題目前已經升級至所有可行的手段都無法解決的程度。這不

8　討論道德兩難困境，可參看羅莎琳德·赫斯特豪斯，《論德性倫理》（牛津，1999年），第三章。

是失敗主義的看法，而是認清現實。從可糾正的目標所生發出來的毀滅性力量，可能會獲得屬於自己的致命能量，無法止步。也許現在再來阻止恐怖主義的蔓延為時已晚。現在的恐怖主義問題已經沒有解決的辦法了——幾乎所有的政客都不會公開承認這一點；絕大多數民眾，尤其是向來樂觀的美國人，都很難接受這一點。儘管如此，事實可能真是這樣。為什麼人們總是覺得，有問題就必然有解決方案呢？

悲劇乃是諸多無樂觀方案的人生意義問題中最有力的之一。在所有的藝術形式中，悲劇最徹底、最堅定地直面人生的意義問題，大膽思考那些最恐怖的答案。最好的悲劇是對人類存在之本質的英勇反思，其源流可追溯至古希臘文化，這種文化認為人生脆弱、危險、極易受到打擊。對古代的悲劇家來說，這個世界只能透過理性的微光才能斷斷續續地看清；過去的行為施重壓於當下的欲求，將其扼殺於萌芽狀態；殘暴的報復性力量把人玩弄於股掌之間，想把他們撕成碎片。只有低下你卑微的頭顱，膜拜各種凶惡多端，極少值得人尊敬、更不用說值得崇拜的神靈，你才有望顫顫巍巍地跨過人生的雷區，存活下來。在這片危險地帶原本能幫助你站穩腳跟的人性力量，可能經常失去控制，以至於與你敵對並使你墮落。正是在這種令人恐懼的處境下，索福克勒斯（Chorus of Sophocles）《俄狄浦斯王》中的歌隊唱出了陰沉的尾章：「沒有人

是快樂的，直到死亡的那一刻，人才算解脫痛苦。」

這算是對人類存在問題的一種回應，但很難稱得上是答案。悲劇經常會展現沒有答案的事件：為何個體生命會被碾壓或傷害到無法忍受的程度？為何不公正與壓迫似乎主宰着人類事務？為何父親會受到欺騙，去咀嚼自己遇害的孩子那烤焦的肉？或許，唯一的解答隱藏在人類對這些事件的承受力，以及悲劇講述這些故事的思想深度和藝術技巧之中。最有力的悲劇是一個沒有答案的問句，刻意撕掉所有觀念形態上的安慰。如果悲劇千方百計告訴我們，人類不能照老樣子生活下去，它是在激勵我們去搜尋解決人類生存之苦的真正方案，而不是異想天開、漸進改良，也不是感情用事的人文主義或者理想主義的萬靈藥。悲劇一方面描繪了一個亟待救贖的世界，另一方面也提醒我們，救贖觀念本身可能只是另一種把我們的注意力從一種恐怖上移開的手段，這種恐怖可能會把我們變成石頭。[9]

海德格爾在《存在與時間》中説，人類與其他存在物的不同之處在於，他們具有反省自身存在的能力。對人類這種生物來説，不僅存在的具體特徵有問題，連存在本身也有問題。按照他的理論，某些具體的處境可能會讓一隻疣豬感到有麻煩，而人類是一種

9　拙著《溫柔的暴力：悲劇的理念》（牛津，2003）更詳細地討論了悲劇的理念。

特殊的動物，他們把自身的處境當做一個問題、一種困惑、一個焦慮之源、一片希望之地，或者是負擔、禮物、恐懼或荒誕。這部分地是因為人類意識到他們的存在是有限的，而疣豬想來並不知道自己的有限性。人類也許是唯一一種永遠生活在死亡陰影下的動物。

不過，海德格爾的思想有其獨特的「現代」特徵。我們自然不是在說亞里士多德或匈奴王阿提拉沒有意識到生命的有限，雖然阿提拉可能更多地意識到別人而不是他自己的終有一死。同樣正確的是，部分地因為人類擁有語言，他們具有把自身的存在對象化的能力，而一隻烏龜想必是沒有的。我們可以談論「人的境況」，一隻烏龜卻不大可能在龜殼裏沉思身為烏龜的境況。在這個意義上，後現代主義者和烏龜很像，兩者都對自身的境況全然陌生。換句話說，語言不僅使得我們把握自身，也幫助我們從整體上思考自身的境況。我們依靠符號生活，而符號具有抽象把握的能力，我們可以把自己從切身處境中抽離出來，從肉體感官的禁錮中解放出來，進而反省自身的處境本身。然而，抽象能力像火一樣有利有弊，兼具創造與毀滅的潛能。抽象能力幫助我們形成人類共同體的意識，它也幫助我們製造化學武器摧毀人類共同體。

要拉開這種距離並不要求我們完全跳脫自身，也不要求我們像奧林匹斯山上的神那樣俯視世界。反思

自身存在本身就是我們存在的一種方式。即使如後現代主義所說的，「人的境況本身」是一種形而上學海市蜃樓，它仍然是一個能夠加以思考的對象。無疑，這與海德格爾的觀點有幾分相近。其他動物會為躲避追捕、餵養幼雛這樣的事感到焦慮，但它們不會產生我們所說的「本體論的焦慮」：感到自己是一個沒有方向、多餘的存在（有時伴隨着極為強烈的惆悵）——如薩特所說，是一股「無用的激情」。

儘管如此，20世紀的藝術家和哲學家遠比12世紀的更容易把恐懼、焦慮、噁心、荒誕等當做人類處境的一般特徵。現代主義思想的標誌性特徵是一種信念，認為人的存在是偶然的——沒有根基、沒有目標、沒有方向、沒有必然性，人類本來很有可能從未出現在這顆行星上。這種可能性掏空了我們的現實存在，投射出恒常的失落和死亡的陰影。即使是狂喜的時刻，我們也頹喪地知道腳下的根基宛如沼澤——我們的身份與行為缺乏牢固的基礎。這可能讓我們的美好時光變得更加珍貴，也可能讓它們變得毫無價值。

對於12世紀的哲學家來說，上面這種觀點沒有多少支持者，他們把上帝當做人類存在的堅實根基。但即使如此，他們也不認為人類在世界上的存在是必然的。實際上，那樣想會被視為異端。宣稱上帝凌駕於宇宙萬物之上，意思也就是說上帝本沒有必要製造萬物。他造出這個世界是出於愛，而非出於必要。造人

也是出於同樣的原因。人類的存在是沒有理由的——是一種恩惠或禮物，而非必不可少。即使人類不存在，上帝也可以活得很好，甚至日子還過得清淨些。正如某個不肖逆子的父親一樣，上帝極有可能在暗中懊悔，為什麼自己要決定當父親。人類先是破壞了他制定的律法，然後變本加厲，又背棄了對他的信仰，並且蔑視他的命令。

也許從某種意義上說，追問人生的意義是人類永恒的可能性，是人之所以為人的要素之一。《舊約》中的約伯像薩特(J.-P. Sartre)一般堅持追問人生的意義。然而對於大多數希伯來人來說，這個問題可能沒有意義，因為答案太明顯了。耶和華和他制定的律法便是人生的意義——不承認這一點近乎不可思議。就算是約伯，那個把人類的存在(至少他自己的存在)當做越快消失越好的可怕錯誤的約伯，也承認耶和華無所不在。

在古代的希伯來人看來，問「人生的意義是什麼？」就好像問「你相信上帝存在嗎？」一樣奇怪。而對現在大多數人，包括許多信教的人來說，後一個問題在潛意識中和「你相信聖誕老人存在嗎？」「你相信外星人綁架事件嗎？」屬於同一類問題。他們的想法是，某些存在物，比如上帝、喜馬拉雅山雪怪、尼斯湖水怪、UFO來客等等，可能存在，也可能不存在。證據不充分，觀點自然有分歧。但古代希伯來

人面對「你相信上帝存在嗎？」這個問題時可不這麼想。由於耶和華的存在顯現於整個天地之間，這個問題的意思只能是：「你信仰上帝嗎？」這不是一個思辨的命題，而是一個實踐問題。它問的不是觀點，而是一種關係。

因此，儘管有海德格爾極為普遍的主張，前現代的人也許不像我們現代人那麼受人生的意義問題困擾。這不單是因為他們的宗教信仰比我們堅定，還因為他們的社會實踐比我們更少有問題。或許在那個時代，人生的意義差不多等於遵循祖先的行事慣例和亙古以來的社會規範。宗教和神話在那裏，在那些具有根本重要性的事項上指導你。你有專屬於你自己、迥異於別人的人生意義——這種觀點沒有多少支持者。大致來說，你個人的人生意義就在於你在一個更大的整體中發揮的作用。離開這個背景，你只是一個空洞的符號。「個人」（individual）這個詞原本表示「不可化約」（indivisible）或「不可分割」。荷馬筆下的奧德賽大約就持這個觀念，莎士比亞筆下的哈姆雷特則絕對不這麼想。[10]

感覺你的人生意義屬於一個更大的整體，這和強烈的自我意識並不矛盾。這裏的關鍵是個體自我的意

10　《奧德賽》是主人公回家的故事，寓意個人回到共同體；《哈姆雷特》則是個體覺醒的故事，王子將自身從王室家族中區別開來。伊格爾頓以此來說明古代和現代的區別。——譯注

義，而不是自我的客觀狀況如何。這不是說前現代的人不關心「我是誰」或「我在做什麼」之類的問題，只是他們絕大部分不像阿爾貝·加繆（Albert Camus）或T.S.艾略特（T.S. Eliot）年輕時期那樣為這種問題焦慮。這很大程度上和他們的宗教信仰有關。

如果說前現代文化大體上不像弗蘭茲·卡夫卡（Franz Kafka）那般為人生的意義所煩擾，後現代文化似乎也是如此。置身於發達的後現代資本主義社會的實用主義和市儈氣息中，加上它對遠大圖景和宏大敘事的懷疑、對形而上事物的固執的祛魅，「人生」和許多其他總體性概念一樣已經名聲掃地。我們被誘使只考慮生活中的小問題，不去思考大問題——諷刺的是，與此同時，那些試圖毀滅西方文明的人做法恰恰相反。在西方資本主義與激進的伊斯蘭世界之間的衝突中，信仰的缺乏直面着信仰的過剩。西方世界發現自己正遭受一種狂熱的形而上層面的攻擊，而自己卻處於可以說是在哲學上被解除了武裝的歷史時刻。關涉信念之處，後現代主義寧願輕裝上路：後現代主義誠然有各種各樣的信念（beliefs），但沒有信仰（faith）。

法國哲學家吉爾·德勒茲（Gille Deleuze）等後現代主義思想家甚至認為，「意義」這個詞本身就很可疑。「意義」預設了一個事物能代表或代替另一個事物——有些人覺得這種觀念已是明日黃花。「闡釋」這個觀念本身因此飽受質疑。事物該是什麼就是什

麼，而非代表其他東西的神秘符號。所見即所是。意義和闡釋暗示了信息和機制的隱藏性，即表像與深度的疊加；但是對於後現代主義來說，「表像/深度」這整套思維帶有陳舊的形而上學意味。「自我」的觀念同樣如此，它已經不再關乎神秘的褶層和內在的深度，而是直觀可見；自我是一個去中心化的網絡，而不是神秘難解的精神。

這和用寓言來闡釋世界的前現代思維不同。在寓言中，事物的意義並未直接呈現於表面；相反，它們必須被理解為某種「文本」或潛在真理的符號，通常是道德或宗教符號。在聖奧古斯丁眼中，直觀地理解客體，這是一種世俗的、墮落的存在模式；相反，我們必須採用符號學的方式去解讀它們，超越它們本身而指向宇宙這篇神聖的文本。符號學和拯救是連在一起的。現代思想在某種意義上與這種聯繫模式割裂開來，但在另一種意義上仍然忠實於這種模式。意義不再是埋藏在事物表面之下的精神本質。但意義仍然要被挖掘出來，因為這個世界不會自發地揭示它。這種挖掘行為有個名字叫做「科學」，在某種觀點看來，科學就是在揭示事物運行所遵循的隱含的規律和機制。深度尚未消失，但現在在深度中發揮作用的是自然，而不是神性。

後現代主義隨即把這個世俗化進程又往前推進了一步。後現代主義堅稱，只要我們還有深度、本質和

根基，我們就仍然活在對上帝的敬畏之中。我們還沒有真正把上帝殺死並埋葬。我們只是給他新換了一套大寫的名字，如自然、人類、理性、歷史、權力、慾望，諸如此類。我們並未摧毀整套過時的形而上學和神學體系，只是用舊瓶裝了新酒。「深刻的」意義總會誘惑我們去追尋那諸意義背後的元意義這種妄想，所以我們必須與之切割，才能獲得自由。當然，這裏的自由不是自我的自由，因為我們已經把「自我」這個形而上學本質同時消解掉了。到底這一工程解放了誰，這還是一個謎。情況也可能是，雖然後現代主義厭惡一切絕對根基，它還是偷偷地加入了一個絕對的信條。當然，這個絕對信條不會是大寫的上帝、理性或歷史，但它的作用同樣是根本性的。像其他的絕對信條一樣，再往它下面深挖是不可能的。對後現代主義來說，這個絕對信條叫做「文化」。

* * *

原本被視為理所當然的那些身份、信念和規則陷入危機之時，人生的意義之類的疑問就會浮現出來，變成嚴肅的問題。最偉大的悲劇作品往往也是在這些危機時刻出現，也許並非巧合。這不是要否認，人生的意義問題可能一直都是有效的。但是，海德格爾的《存在與時間》的寫作時間恰好是歷史動亂時期，問

世是在一戰之後，這與該書的觀點無疑存在關聯。薩特的《存在與虛無》探討的也是此類重大主題，出版時間是二戰時期；存在主義，及其對人生的荒誕感，總體上正是在二戰後幾十年間興盛起來的。也許每一個人都會思考人生的意義；但有些人，由於充分的歷史原因，想得比其他人更迫切些。

如果你被迫在總體上探究存在的意義，那麼，結果很有可能是失敗的。探究某個人自己的存在意義則是另一回事，因為他可能會說，這種自我反思與過一種完滿的生活密不可分。一個從未問過自己人生過得如何、該如何更好地生活的人，會顯得尤其缺乏自我意識。很有可能，這個人的生活在許多方面實際上沒有看上去那麼好。她沒有自問過生命中各種境況的好壞，這本身就說明生活本可以過得更好一些。如果你的生活過得特別美好，其中一個原因大概是，你時常思考生活是不是需要有所改變，或者作一些大的調整。

無論如何，意識到自己過得不錯，這很可能會提高你的幸福感；給自己的滿足感錦上添花，何樂而不為呢？換言之，只有不知道自己快樂時才是快樂的，這話是錯的。那是浪漫主義者的天真想法，對這種人來說，自我反思總是讓人心裏疙疙瘩瘩。這可被稱為「懸崖間走鋼絲」的人生理論：你稍微思考一下，幸福感立刻就墜入穀底。但是，知道自己過得如何，這

是決定自己是去努力改變生活還是維持原狀的必要條件。了解境況是幸福的助手，而非敵人。

　　不過，問人類存在的意義，這個問題本身就表明我們可能集體喪失了生存之道，不管我們作為個人活得如何。1870或1880年的英國某地，維多利亞時代關於這一問題的某些信條開始瓦解；所以，托馬斯·哈代(Thomas Hardy)和約瑟夫·康拉德(Joseph Conrad)這樣的人提出了人生的意義問題，其關切程度之迫切是威廉·薩克雷(William Thackeray)和安東尼·特羅洛普(Anthony Trollope)無法想像的。還有比這些作家年代更早的人，簡·奧斯丁(Jane Austin)。藝術家們固然在1870年前就提出過人生的意義問題，但極少是作為整個追問式文化的一部分。20世紀前幾十年，這一文化攜本體論的焦慮，以現代主義的形式表現出來。這一思潮產生了若干西方世界有史以來最傑出的文學藝術。幾乎每一重傳統價值、信念和制度都發出了挑戰，時機已然成熟，藝術可以提出關於西方文化本身之命運的最根本的問題，並進而提出關於人性本身的命運問題了。很可能某個乏味而庸俗的馬克思主義者，會找到這次文化劇變與維多利亞晚期經濟蕭條、1916年全球帝國主義戰爭爆發、布爾什維克革命、法西斯主義興起、兩次世界大戰間經濟衰弱、斯大林主義興起、大屠殺爆發等事件之間的關聯。我們自己則寧願把思考限定在不那麼庸俗的精神生活上。

這股豐富而不安的思想氣質在不久前有一次餘波，即存在主義；但是，到1950年代基本上就退潮了。這一思潮在1960年代的各種叛逆文化中有所展開；但到了1970年代中期，這種精神追求逐漸衰弱，在西方世界被日趨嚴酷和實用主義的政治環境遏制。後結構主義，以及隨後的後現代主義，認為把人生當做一個整體來思考，這是聲名狼藉的「人文主義」——或者說，實際上是某種「總體化」理論，而「總體化」理論直接釀成了極權主義國家集中營的慘劇。已經沒有什麼人性或人生可供沉思。只有種種差異、特定文化和本土境況才是思考的對象。

20世紀之所以有比以往多數時期更為痛苦的關於存在之意義的思考，一個原因或許在於，這個世紀的人命薄如紙。這是史上最血腥的時代，數以百萬計的無辜生命遇害。如果生命在實際生活中被如此貶低，那麼，人們自然想要在理論上質問其意義。但是，這裏還有一個更為普遍的問題。現代時期的一個典型特徵是，人類生命的所謂「象徵維度」被一直擠到了邊緣。在這一維度之內，有三個領域在傳統上至關重要：宗教、文化和性。這三個領域隨着現代時期的展開而越來越遠離公共生活的核心。在前現代社會，它們的絕大部分既屬於私人領域，也屬於公共領域。宗教不但關乎個人良心和自我救贖，它還是國家權力、公共儀式和國家意識形態的內容。作為國際政治的一

個關鍵因素，宗教塑造了從國內戰爭到王朝聯姻等各個國家的歷史命運。各種徵兆表明，我們身處的時代將在某些方面改變這一局面。

至於文化領域，過去的藝術家不是那種孤獨地躺在粗俗的波西米亞咖啡館中的局外人，他們更像是公務員，在部落、家族或宮廷中行使規定的職責。如果沒有受雇於教會，他就可能是受國家或某個有權勢的贊助人僱傭。藝術家們一旦收到報價不菲的任務，去為一次追思彌撒譜曲，他們就不會那麼熱情地去冥思苦想人生的意義。更何況，這一問題很大程度上已經由他們的宗教信仰解決了。性，一如既往地是關於肉慾之愛和個人滿足的問題。但是，它與親緣、繼承、階級、財產、權力和地位等制度的關聯程度，也要比今天的大多數人身上所表現的更加深入。

以上描述並不是要美化過去的好時代。過去的宗教、藝術和性在公共事務中的作用也許比現在更加重要；但是，出於同樣的原因，它們也可能成為政治權力的忠誠侍女。一旦擺脫政治權力的束縛，它們就能享受某種從未設想過的自由和自主。但是，這種自由代價高昂。這些象徵性活動繼續扮演重要的公共角色；但是總體上，它們逐漸轉入私人領域，在這裏真正變成私人事務，其他任何人都不能干預。

這和人生的意義問題又有什麼關係呢？答案是，這些正是人們傳統上探尋自身存在之意義和價值時所

指向的領域。愛、宗教信仰以及對家族血緣與文化的眷戀：很難找到比這些更為根本的生命理由。事實上，許多世紀以來，很多人願意為了這些理由而獻出生命或亮出屠刀。公共領域自身越是日益喪失意義，人們就越是急切地想尋求這些價值。事實和價值似乎分離了，前者變成了公共事務，後者則屬於私人事務。

資本主義現代性看起來把一套幾乎純粹是工具性的經濟制度強加給了我們。它是一種生活方式，追求權力、利潤和物質生存條件，而不是培育人類共享和團結等各種價值。政治領域的內容更多的是管理和控制問題，而不是齊心協力塑造一種共同生活。理性本身被貶低為自私自利的算計。道德也越來越變成一樁私人事務，成為在臥室而不是會議室中討論的話題。文化生活在某種意義上變得愈發重要，成長為物質生產的一個單獨的行業或分支。但在另一種意義上，文化又降格為一種社會秩序的門面裝飾，這種社會秩序只關心那些可以標價和測算的東西。文化現在主要變成了人們工作之餘打發時間的無害手段。

但這裏有一個諷刺。文化、宗教和性越是被迫充當衰落的公共價值的替身，它們就越無力扮演這種角色。意義越是集中在象徵領域，這一領域就越是被意義施加的壓力所扭曲。結果，生命的這三個象徵領域都開始顯出病徵。性演變成色慾的沉迷。性是這個枯

圖2　在巨石陣舉行的「新時代運動」集會

燥的世界中僅存的少數幾種快樂源泉之一。性刺激和性暴力代替了已經喪失的政治鬥爭熱情。藝術的價值也相應地膨脹。對於唯美主義運動來說，藝術現在完全是一種生活方式。對於某些現代主義者來說，藝術代表了人文價值在人類文明中最後一片飄搖的立足之地——藝術本身對文明已經嗤之以鼻。然而，這只體現在藝術作品的形式上。由於藝術內容不可避免地反映著周遭的物化世界，它無法提供持久的救贖資源。

同時，宗教越是充當公共意義不斷流失後的替代選擇，它就越是被灌輸為各種糟糕的原教旨主義。若非如此，則被灌輸為新時代運動的噱頭。簡單地說，宗教精神變得要麼硬如岩石，要麼沉悶乏味。人生意義問題的解釋權，現在掌握在宗教領袖和精神調理師、製造迷醉式滿足感的技術專家，以及心靈按摩師的手中。你只要掌握正確的技術手段，就能確切地在短至一個月的時間內把無意義感像多餘的脂肪一樣排出體外。被諂媚衝昏了頭腦的名流們轉而尋求猶太教神秘主義哲學和科學論派的解釋。他們聽到那種陳腐的謬論感到很受用，這種謬論認為精神必然是奇特而神秘的，而不是實踐的、物質的。畢竟，名流（至少在內心）想要逃脫的正是表現為私人飛機和成群保鏢的物質。

對於以上各類人來說，精神不過是物質的對立面。它是一種營造出來的神秘領域，可用來補償世俗

聲譽的虛無。精神性的東西越是模糊——越是與一個人的經紀人和會計師的冷漠算計不相像，似乎就越是有意義。如果說日常生活缺乏意義，那麼，它就需要人為地用材料來填充。偶爾可以加點占星學或者巫術，就像給每日膳食添加幾片維生素一樣。你若正在無趣地為自己物色下一套配有五十間臥室的豪宅，這時候突然來研究一會兒古埃及人的秘方，這該是多麼愜意的調劑啊。更何況，既然精神性全部存在於意識中，你就不必去做任何麻煩的事，比如把金錢散發給無家可歸的人以擺脫操持豪宅的煩惱。

事情還有另一面。如果說象徵領域已從公共領域中脫離了出來，那麼它仍然遭受着後者的侵擾。性被包裝成市場上販賣的牟利商品，文化則成為逐利的大眾媒體的主角。藝術變成了金錢、權力、地位和文化資本的事。各地文化現在成了旅遊產業包裝和販售的異域風情。甚至宗教也把自己改造成營利的產業，電視裏的福音傳道者們從虔誠而天真的窮人手中騙取血汗錢。於是，象徵領域和公共領域中最糟糕的東西都被強加到我們頭上。傳統上充滿意義的地方不再對公共領域真正有影響力；但它們還受到商業力量的猛烈侵佔，於是變成意義流逝的幫兇，這種流逝正是它們曾努力抵抗過的。現已私人化的象徵生活領域不堪煩擾，開始提供自己無力恰當提供的東西。結果，甚至在私人領域，尋找意義也變得愈發困難。文明焚毀、

圖3　原教旨主義派頭十足的美國福音派電視演説家傑里・福爾韋爾

歷史崩潰之際，你想混混日子，或者擺弄擺弄自己的花園，已經不再像以前那樣行之有效了。

在我們的時代，最流行、最有影響力的文化產業之一無疑是體育。如果你問，是什麼為現在許多人，尤其是男人的人生提供了意義，回答「足球」總不會錯。也許，沒有多少人願意承認；但體育運動，在英國特別是足球，已經取代了許多高尚的事業——宗教信仰、國家主權、個人榮譽、道德歸屬；幾個世紀以來，人們一直願意為這些事業獻出自己的生命。體育包含不同團體間的忠誠和敵對、象徵性儀式、炫目的傳奇故事、偶像般的英雄、史詩般的戰鬥、華麗的美感、身體上的實現、精神上的滿足、壯麗的奇觀和強烈的歸屬感。體育還創造了人群的集體感和直接的肉體參與，這是電視無法做到的。失去這些價值，許多人的生活就會變得空空蕩蕩。現在人民的鴉片不是宗教，而是體育。實際上，在基督教和伊斯蘭教原教旨主義泛濫的世界裏，宗教與其說是人民的鴉片，不如說是大眾的強效可卡因。

我們這個時代假冒的心靈導師和智者，代替了那些業已失敗的傳統神靈。例如，哲學家們似乎已被貶為穿着白色外套的語言技師。沒錯，把哲學家當做人生意義的嚮導是一種普遍的謬見。但即使是這樣，哲學家肩負的工作也不該僅僅局限於通過辨析「什麼都無所謂」和「什麼都無聊」之間的語法差別，來勸

阻自殺者跳窗輕生吧。[11] 同時，日益發展的世俗化進程，以及教會所犯的各種罪行和蠢事，敗壞了神學的清譽。實證主義社會學和行為主義心理學，以及喪失遠見的政治學，一道促成了知識分子階層的背叛。人文學科越是為經濟需要所吸納，就越是容易放棄探究那些根本的問題；所以，塔羅牌販子、金字塔式營銷者、亞特蘭蒂斯的化身和「靈魂排毒者」之流也就越是蜂擁着去填充知識分子所放棄的陣地。人生的意義，現在可是一項獲利頗豐的產業。題為「商業銀行家的形而上學」之類的書籍有很大的市場。不再沉迷於賺錢的男男女女們，轉而向心靈真理的供應商尋求幫助，讓後者靠販賣這些東西又大撈一筆。

在現代性的紀元，重新挑起人生的意義問題還有什麼其他理由呢？有人可能猜想，現代生活的問題是，意義既太多，又太少。我們身處現代性的時代，即說明我們淡忘了所有最根本的道德和政治問題。在現代時期，已經有過大量關於人生意義的爭論，但論辯者們誰也不服誰。這說明，任何單一答案都必定顯得可疑，因為有太多誘人的替代性方案可供選擇。我們由此陷入某種惡性循環。一旦傳統信仰在歷史危機面前瓦解，人生的意義問題就會把自己推向前台。但是，這一問題是如此突出，以至於引發了廣泛的回

11　牛津大學教授吉爾伯特·萊爾曾稱，他通過解釋這兩句話的區別而成功勸阻了一位學生自殺。

圖4　大悲大喜：一位體育迷

應；解決方案多得令人不知所措，從而削弱了其中任何一種方案的可信度。感覺提出人生的意義問題很重要，這本身就表明該問題很難回答。

在這種情形下，有些人總是有可能在多樣的觀點本身中找到人生的意義，或至少是其中相當多的一部分。持這一想法的人通常叫做「自由主義者」，儘管其中有些人也被稱做「後現代主義者」。對他們而言，重要的不是去尋找人生意義問題的確切答案，而是有那麼多極為不同的解答方式這一事實。實際上，能夠在那麼多觀點中選擇，這種自由本身可能就是我們所能碰巧找到的最珍貴的意義。所以，在某些人看來毫無希望的碎片化世界，在另一些看來則是鼓舞人心的自由世界。

對於大多數熱情地追求人生意義的人而言，最重要的是追求的結果。對自由主義者和後現代主義者來說，最重要的則是令人愉悅的眾聲喧嘩；在他們看來，對話和我們要挖掘的意義同樣重要。人生的意義就在於追尋人生的意義。許多自由主義者更喜歡問問題，而不是找答案，因為他們覺得答案過於限制人的思維。問題是自由浮動的，答案則不是。關鍵是要保持好奇心，而不是用某種枯燥的答案對這個問題下定論。的確，這個思路沒法很好地解決「我們怎樣才能在他們餓死之前提供食物？」或「這是不是預防種族謀殺的有效方式？」這類問題，但是，也許這些問題

對自由主義者來說級別太低了。

可是，多元自由主義也有自身的局限。因為，為人生意義問題提出的某些答案不僅互相衝突，甚至完全相悖。你可以認為人生的意義在於關懷弱小，而我則認為人生的意義在於盡量欺凌患病、無助的弱者。我們兩人的觀點可能都是錯的，但不可能都是對的。即使是自由主義者在這裏也一定會強烈地排斥某些觀點，排除任何可能危害自由和多元的解決方案(例如建立一個極權主義國家)。自由絕不容許摧毀自身的根基，儘管激進主義者會聲稱，在資本主義條件下自由每天都在自掘墳墓。

在此意義上，多元主義也有自身的局限，即如果只有一種確定的人生意義，它對每個人來說就沒有區別了。我可以說「我的人生的意義是，只要還有爬行的力氣，我就要喝威士忌」；但是，我不能說「對我而言，人生的意義就是喝很多威士忌」，除非後一句是前一句的另一種表達方式。這就好似宣稱「對我而言，雪花的顏色是略帶品紅色的青綠色」，或者「對我而言，『木椿』的意思就是『睡蓮』」。意義不能由我任意決定。如果人生確實有某種意義，那也是對你、對我、對任何其他人的意義，是我們認為或希望人生所擁有的任何意義。不管怎樣，也許人生有多重意義。我們為何想像它只有一種意義呢？就像我們能賦予人生多重意義一樣，也許人生本來就有好幾重內

在意義——如果人生確有內在意義的話。或許，人生有多重目的同時在起作用，其中有些目的互相矛盾。又或許，人生時不時地會改變目的，就像我們所做的那樣。我們不應該預設，那些給定的或內在的意義總是固定不變、獨一無二。假使人生的確有一個目的，但這個目的與我們自己的努力方向完全相悖呢？情況可能是，人生有個意義，但歷史上的絕大多數人對這個意義有所誤解。如果說宗教是謬誤，那麼正是在這個意義上的謬誤。

不過，本書的許多讀者很可能會像懷疑聖誕老人的真實性一樣懷疑「人生的意義」這個短語。這個短語看上去是個別致的概念，既真誠樸素，又自命不凡，很適合做「巨蟒」喜劇小組的諷刺主題。[12] 現在許多受過教育的西方人士，至少是宗教氛圍過濃的美國以外的西方人，相信生命不過是進化過程中的偶發現象，它與一縷微風的起伏或腹中的一聲悶響一樣，沒什麼內在意義。然而，人生沒有既定的意義，這就為每個個體提供了自主創造意義的可能。如果我們的人生有意義，這個意義也是我們努力傾注進去的，而不是與生俱來的。

---

12 除了「巨蟒」喜劇小組的電影《人生的意義》以外，還有一部同名電影，筆者曾在鹽湖城的摩門堂觀賞過。遺憾的是，我已經完全忘了這部電影認為人生的意義是什麼，部分是因為我對這部電影時長才四分鐘感到驚訝了。

圖5　「巨蟒」喜劇小組的電影《人生的意義》中油腔滑調的聖公會牧師，由邁克爾·帕林飾演

從這個理論上講，我們是書寫自我的動物，無須由「人生」這個抽象概念來敘述自己的一生。對尼采或王爾德來說，我們所有人(只要有勇氣)都能夠成為以自己為作品的偉大藝術家，手中握着泥土，把自己捏塑成某個精緻而獨特的形象。關於這一點，我認為傳統智慧的觀點是，人生的意義不是預先規定好的，而是人為建構出來的；我們每一個人都有極為不同的建構方式。無疑，這裏面包含許多真理；但因為這也很枯燥乏味，我想以簡短的篇幅來加以考察。本書的部分內容將專門質疑這種把人生的意義當做個人事業的觀點，看看這種觀點能有多大說服力。

第二章
意義的問題

「什麼是人生的意義？」這個問題是少數幾個字字皆可質疑的問題之一。甚至第一個詞就有問題，因為對於數以百萬計的宗教信徒來說，人生的意義不是「什麼」，而是「誰」。一個忠誠的納粹分子很可能以他自己的方式同意，人生的意義在於一個人——阿道夫·希特勒。人生的意義也許只有在時間的盡頭才能得到揭示，化身為彌賽亞，款款而至。或者，全宇宙不過是某個超級巨人的拇指指甲中的一個原子。

不過，真正具有爭議的是「意義」這個詞。如今我們傾向於認為，一個詞的意義即它在日常生活中的某個具體用法；但「意義」這個詞本身有許多種具體用法。以下列舉其中的部分：[1]

法語的「Poisson」一詞表示「魚」。

你真的想掐死他？

---

[1] 以下的這些例句涉及英文「意義」(meaning)一詞的動詞形式(mean)的具體用法，差別很大，中譯文無法用同一個詞表述，敬請讀者諒解。——譯注

那些雲意味着要下雨了。

她說「被跳蚤咬過的老驢子」，是指那邊圍欄裏的那頭嗎？

這椿不光彩的事有什麼意義？

我指的是你，不是她。

薰衣草味的浴皂對他具有重大意義。

烏克蘭人顯然來真的了。

這幅畫像注定是無價之寶。

拉維尼婭心懷善意，但尤利烏斯未必。

那位死者生前向侍者要「毒藥」，也許他指的是「魚」？[2]

他們的相遇看來幾乎是注定的。

他發火不表示什麼。

考迪莉婭應該在星期天午飯之前把瓶塞鑽還回來。

這個詞的這些用法大致可分為三類。一類是心裏意圖做某事，或心裏想着某事；實際上，「意義」（meaning）這個詞在詞源上與「心靈」（mind）有關。另一類關乎「表示……的意思」。第三類將前面兩類結合起來，表示「意圖」這個動作，或者心裏想以這個動作來表示某種意思。

2　法語中的「魚」（poisson）和英文中的「毒藥」（poison）拼法很相似。——譯注

「你真的想掐死他？」這句話顯然是在問你的意圖，或者當時你心裏在想什麼，「我指的是你，不是她」這句話也是同樣的用法。說他們的相遇看來是「注定」的，是在說他們的相遇顯得是出於一種神秘的意圖，也許是命運的意圖。「拉維尼婭心懷善意」表明她有善良的意圖，雖然她的意圖不一定會轉化為實際行動。「考迪莉婭應該在星期天午飯之前把瓶塞鑽還回來」表示我們覺得（或預計）她會這麼做。「烏克蘭人顯然來真的了」是在陳述他們的目的或意圖很堅決。「這幅畫像注定是無價之寶」或多或少與「這幅畫像被認為是無價之寶」是同義句，表示這是那些知情人「心裏」的想法。這並不包含意圖的觀念。但其他大部分例句都含有「意圖做某事」的意味。

與之相反，「那些雲意味着要下雨了」和「薰衣草味的浴皂對他具有重大意義」並不是在說「意圖」或心理狀態。那些雲並非「有意圖表示」下雨，它們只是在表示而已。「薰衣草味的浴皂」不會有心理活動，說它對某人意義重大，只是在說這塊肥皂表示許多內容。「這樁不光彩的事有什麼意義？」是同樣的用法，是在問這件事表示了什麼。請注意，不是其中涉及的人物想要表示什麼，而是該情形本身的含義。「他發火不表示什麼」意思是他的怒火不表示任何內容，但不一定是指他主觀上不想表示。這句話的意思與他的主觀意圖無關。如我們所見，第三類用

法不是單純的意圖，也不是單純的表示意思，而是有意圖表示某種意思。這包括「她說『被跳蚤咬過的老驢子』，指的是什麼？」或者「他果真指的是『魚』？」這樣的問題。

區分作為給定含義的「意義」，和作為意圖表示某種意思的動作的「意義」，這非常重要。這兩種意義的用法在「我想（表示意圖）要魚，但脫口而出的詞卻表示毒藥」這句話中可以同時找到。「你想說什麼意思？」意指「你心裏的想法想表示什麼？」而「這個詞是什麼意思？」問的則是該詞在某個給定的語言系統內的表意價值。研究語言學的學者有時把這兩種不同的「意義」含義區分為作為動作的意義和作為結構的意義。就後一種而言，一個詞的意義是語言結構的一種功能——「魚」這個詞通過它在語言系統中佔據的位置、它在系統中與其他詞的關係等等而獲得意義。那麼，如果說人生有意義，也許這個意義是我們自己主動賦予的，就好比我們在一頁紙上畫一組黑色記號，表示某種意思；或者，這個意義與我們自己的活動無關，而是類似於作為結構或功能的意義。

不過，我們再把思路往前推，這兩種「意義」不無關聯。實際上，你可以想像兩者是雞生蛋、蛋生雞一般的關係。「魚」（fish）這個詞表示某種有鱗片的水中生物，但之所以如此，是因為無數講英語的人就是如此使用這個詞的。這個詞本身可被視為一系列歷

史活動所貯藏或積澱下來的成果。但相反，我只能用「魚」這個詞來指稱有鱗片的水中生物，因為這個詞在我的語言結構中表示的就是這個意思。

　　詞語不是僵死的空殼，等着活生生的說話人傾注意義進去。我能意指(在意圖說這個意義上)的東西受限於我所操語言中既有的意義。我不能「意指」一串完全無意義的詞，儘管稍後我們將會看到，我仍然能用它來表示某種意思。我也不能意圖說某種完全超乎我所操語言之外的內容，就像一個人如果事先沒有腦外科醫生的概念，就根本不可能意圖成為一名腦外科醫生。我不能隨心所欲地讓一個詞意指某義。就算我說出「世界衛生組織」這個詞時心裏想的是一條熏魚的生動畫面，我說出口的意思仍然是「世界衛生組織」。

　　如果我們把意義當做詞語在某種語言系統中的功能，那麼，任何掌握了這個系統的人都可以說理解了詞語的意義。如果有人問我，我怎麼知道「永劫之路」(the path to perdition)的意義，回一句「我說英語」大概就夠了。但是，這並不表示我理解這個詞組的特定用法。因為這個詞組能夠在不同的場合指稱不同的事物；要明白「意指」這個詞在這個意義上是什麼意思，我得考慮特定說話人在特定語境下意圖表達的意思。簡單來講，我需要弄清這個詞組的實際應用；只知道個別詞語在詞典裏的意思是不夠的。一個

詞在特定場合下的指稱對象或者選擇對象，並不總是那麼容易分辨。澳大利亞土著語中有個表示「酒」的詞是「彎腰」，因為土著居民第一次學會這個詞是在殖民者們碰杯高呼「國王」的場合。[3]

我們可以談及某人時說：「他說的一個個字我都理解；但連起來我就不理解了。」我熟悉他用的那些詞的含義，但我搞不懂他對這些詞的用法——他想指稱什麼，他暗含的態度是什麼，他希望我明白什麼，他為什麼要我明白，諸如此類。為了搞清楚所有這些疑問，我得把他說的詞放回到具體語境；或者換句話說，我得把這些詞當做某種敘事話語的組成部分來把握。就這一點來說，光熟悉每個詞的詞典意義用處不大。在後一種情況下，我們討論的是作為一種動作的意思——作為人們所做的事情、作為社會實踐，作為人們在特定生活形式中運用特定符號的各種方式，這些方式有時意義不明並且互相矛盾。

那麼，「意義」這個詞的這些不同意思，對回答「人生的意義是什麼？」這個問題有什麼幫助呢？首先，「人生的意義是什麼？」顯然與「『炫財冬宴』這個詞的意義是什麼？」不同。[4]前者問的是某一現象的意義，後者問的是某個詞的意義。讓人困惑的不

3　英文中的「國王」(the King)和「彎腰」(ducking)的發音很像。——譯注
4　炫財冬宴是北美西北海岸印第安人為炫耀財富、地位而進行的一種活動。——譯注

是「人生」這個詞，而是人生本身。另一方面，我們可以注意到，當有人哀嘆「我的人生毫無意義」的時候，他們不是指人生就像一串諸如*&$?%的亂碼一樣毫無意義。相反，它更像是「隨時隨地，誠意相伴，我們永遠是您卑微而忠誠的僕人……」這種客套話一般地無意義。發覺人生無意義的人，並不是在抱怨他們不知道自己身體的構造，或者抱怨自己是陷入了黑洞或是墜入了海洋。懷有那種無意義感的人不只是意志消沉，而且還有精神病。他們所要表達的是，自己的生活缺乏深意（significance）。所謂缺乏深意，就是說缺乏核心、實質、目的、質量、價值和方向。這些人不是在說他們不能理解人生，而是他們沒有什麼東西值得為之生活。不是說他們的存在不可理解，而是空洞無物。但是，要意識到他們的生活空洞無物，需要大量的闡釋，因而需要大量的意義活動。「我的人生毫無意義」是一句存在主義的陳述，而非邏輯陳述。一個感到人生無意義的人大概不會去找本字典來查意義，他更可能會去找自殺藥丸。

莎士比亞筆下的麥克白不必自殺，因為他的敵人麥克德夫已經一劍送他上了西天；但是這位蘇格蘭篡位者最終也陷入了絕望的心境：

> ……熄滅了吧，熄滅了吧。短促的燭光！
> 人生不過是一個行走的影子，

一個在舞台上指手畫腳的拙劣的演員，

登場片刻，就在無聲無息中悄然退下；

它是一個愚人所講的故事，充滿喧嘩和騷動，

卻沒有一點意義。

第五幕，第五場

這段話要比看上去更令人困惑。麥克白其實是在抱怨人生的兩大方面——短暫易逝和空虛無聊，並且我們能夠領會兩者之間的聯繫。任何功名成就都因為如此短暫而變得虛空。然而事物的短暫性並不一定意味着悲劇：我們也可以把它看做事物存在的自然之道，不帶有必然的感傷意味。假如美味佳餚終將消失，那麼暴君和牙痛也將一同逝去。一次為所欲為、通向無限的人生會有意義嗎？在此意義上，難道死亡不正是人生具有意義的先決條件嗎？或者，這樣的人生除了「擁有意味深長的存在方式」這一點，還會有別樣的意義？不管怎樣，如果人生的確如此短暫易逝，為什麼這個念頭會讓你想把人生變得更短？（「熄滅了吧，熄滅了吧。短促的燭光！」）

麥克白的這段話意思是，人的存在就像一次戲劇表演，持續時間不會很長。但是，這一比喻的思路並不嚴密，因為，戲劇本來就不應該演太長時間。我們不想永遠坐在劇院裏。那我們為什麼不能以同樣的態度接受人生的短暫呢？甚至，人生的短暫應該更容易

圖6　驚恐的麥克白，由約翰‧吉爾古德(John Gielgud)飾演

接受，因為人類生命的短促是自然規律，而話劇不是？另外，演員退場不等於她在台上的表演完全作廢。恰恰相反，她的離場是整個話劇意義的一部分。她不是想走就走的。在這個意義上，劇場比喻與以下觀念相反，即死亡會削弱和取消人的奮鬥成就。

莎士比亞在想喚起一種消沉的人生觀時，用的是拙劣的演員來比喻，這並非偶然。畢竟，這樣的演員是最容易敗壞自己的名聲和錢包的人。人生就像一位拙劣的演員（「拙劣」興許同時表示「無能」和「可憐」），無意義是因為做作、不真實、充滿誇誇其談。演員的台詞不是她自己「表達」的意思，人生亦然。但，這個比較不也是謬誤嗎？這不也是把意義當做「意圖要說」的內容？而我們已經看到，這種觀念用於人生是不可靠的。

那麼，「一個愚人所講的故事」這個比喻呢？在某種意義上，這個比喻讓人感到慰藉。人生也許很虛幻，但至少它組成了一個故事，故事必然帶有基本的結構。這個故事也許講得亂糟糟，但背後總有一個敘事者，不論他或她多麼愚蠢。若干年前，英國BBC電視台拍過一版《麥克白》，麥克白的扮演者朗誦這段劇終台詞時的語氣不是斷斷續續的喃喃自語，而是充滿憎恨的大聲咆哮，對着頭上方的鏡頭放聲大吼，而這個鏡頭的位置代表的自然是上帝。上帝正是那位愚蠢的敘事者。按我們即將分析的叔本華的世界觀，這

齣可怕的鬧劇背後的確有一位作者，但是，有作者不等於整個故事符合情理。恰恰相反，這只是為鬧劇的荒誕意味又添了一份諷刺。不過，這兒還有一個含混之處：整個故事是本來就很荒謬，還是因為敘述者是一個白痴而變得荒謬？又或兩者皆有？這個比喻也許主觀上無意表明，客觀上卻表明，人生是有可能有意義的，就像「故事」這個詞可能提示的那樣。怎麼會有幾段話字面上不表示任何意思，但仍然算一個故事呢？

人生就像一篇華麗的演講，看上去很有意義，實則了無趣味。人生又像一位演技拙劣的演員，看上去要表達些什麼，但能力不夠。能指符號的泛濫（「充滿喧嘩和騷動」）掩蓋了所指的缺失（「卻沒有一點意義」）。人生就像一段低劣的修辭，華麗地用空虛來填補空虛。人生充滿欺詐，又毫無內涵。所以，當冒牌國王的政治野心最終化為嘴角的一縷灰塵時，真正的問題在於苦澀的幻滅感。不過，這個比喻也具有部分欺騙性。畢竟，演員就像任何人一樣是真實存在的。他們的確在真誠地創造虛構故事，他們的舞台真實存在。〔這個比喻也許在不由自主地暗示，這個世界（或舞台）就像演員一樣不真實，而你總是可以斷言人生不過是一場騙局，但布局的物質條件實實在在地存在。〕「銷聲匿跡」的演員們只是退到了屏風後面，而不是進了墳墓。

《麥克白》的這段台詞至少體現了兩種關於「無

意義」的概念。其中一個概念是存在主義的：人的存在是一片虛無，或一場空洞的鬧劇。確實有很多意義存在着，但都是糊弄人的。另一個概念是所謂語義學的，暗指人生沒有意義，就像一段瘋子的話沒有意義。這是一個白痴講述的故事，不表達任何意思。人生既無法理解，又毫無意義。但嚴格説來，這句話不能同時説。因為如果人的存在真的無法理解，你就不能對它進行任何道德評價，比如你不能斷定它沒有意義。這有點像我們不能因為自己無法翻譯某個外語單詞而說這個詞沒有意義。

倘若人生的意義問題不同於解讀一段無意義的話，那麼，這個問題也不同於「Nacht這個詞在英文中是什麼意思？」[5] 我們不是在做翻譯，尋找一個系統裏的某個詞在另一個系統裏的對應詞。道格拉斯·亞當斯在《銀河系漫遊指南》中有一段著名描寫：一台名叫「深思」的計算機被要求演算出全宇宙的終極答案，這台計算機花了七百五十萬年來運算，終於得出答案：42。接着就需要製造另一台更大型的計算機，以弄清那問題究竟是什麼意思。這不禁讓人想起美國詩人格特魯德·斯坦(Gertrude Stein)，據傳她在臨死前不斷地問「答案是什麼？」，最終沉吟的卻是：「但問題是什麼？」在虛無的邊緣提出關於問題的問題，這似乎是現代人境況的貼切象徵。

5　Nacht是德語「夜晚」的意思。——譯注

「深思」計算機給出的「42」，有趣之處不只是它的突降法——我們後面還將繼續討論這個概念。還有一個荒謬的地方在於，「42」居然能夠充當這個問題的答案，這就好像別人問你「太陽有可能在什麼時候壽終正寢？」你回答「兩盒原味薯片，一隻醬蛋」。我們在討論的是哲學家所說的範疇謬誤，這就是它顯得有趣的原因之一；類似的問題比如：投入多少感情才能讓一輛卡車停駛？讓人感到有趣的另一個原因是，面對這樣一個許多人渴望回答的問題，它給出了一個簡潔明了的答案，但我們對這個答案完全無從着手。「42」根本沒法運用。我們無法憑藉這個答案繼續闡發。聽上去這像個精確的、權威的解決方案，但實際上和回答「球花甘藍」差不多。

　　這個答案的另一個滑稽特徵是，它把「人生的意義是什麼」這個問題當成與「Nacht這個詞的意思是什麼」同屬一類。正如德文單詞「Nacht」和英文單詞「night」之間存在等義關係，亞當斯的喜劇故事認為，人生也可以轉化為另一種符號系統(這次是轉化為數字系統，而非文字系統)，結果呢，你可以用一個數字來表示人生的意義。或者，彷彿人生就是一個謎語、一道難題、一篇密碼電文，可以像填字遊戲那樣被破譯，找出巧妙答案。在這個玩笑背後，是一種把人生問題當成可以求解的數學問題的思維方式。「問題」這個詞的雙重含義也引發了滑稽效果：一個填字

遊戲或一道數學難題是問題，人的存在這種成問題的現象也算是問題。彷彿人生可以解碼，會有那麼一個「我解出來了！」的時刻，一個關鍵詞——權力、吉尼斯、愛情、性、巧克力——靈光乍現，我們的意識便豁然開朗。

「人生的意義」這個詞組裏的「意義」一詞，是否可能擁有類似於「某人意圖表明什麼」這個範疇的意思？當然不可能，除非（比如）你相信人生是上帝的言辭，即上帝藉以向我們傳達重要內容的一個符號或一段話語。偉大的愛爾蘭哲學家貝克萊主教（Bishop Berkeley）就是這麼想的。在此情形下，人生的意義指的是意義的一個動作，即上帝（或生命力量，或時代精神[6]）意圖通過它來傳達的任何內容。但是，如果有人完全不相信這些令人敬畏的實體呢？是否意味着人生注定毫無意義？

不一定。例如，馬克思主義者通常也是無神論者，但他們相信人類生活——或者用他們更喜歡的詞，「歷史」——有其意義，能夠展現出某種意味深長的模式。那些鼓吹所謂的輝格黨歷史理論，即把人類敘事當做自由和啟蒙理性的持續展開的人，也認為人類生活形成了某種意味深長的模式，雖然這種模式不是什麼至高存在放進去的私貨。確實，這些宏大敘事現在已經過時；但它們至少指出了一點，即相信人

6　原文為德語詞「Zeitgeist」。——譯注

生有意義並且不需要聲稱這意義是某個主體所賦予的，這是可能的。在意味深長的模式這個意義上，意義的確不等於意圖說某事這個動作，或者紅燈表示「停駛」這個意思。然而，這也的確是我們偶爾會用「意義」一詞表達的意思之一。倘若人類生活中沒有意味深長的模式，即使沒有單獨的個人想這樣，結果也會造成社會學、人類學等人文學科全盤停擺。一位人口學家可以評價說，某一地區的人口分布「有其意義」，即使住在該地區的居民對這種人口分布的模式事實上一無所知。

這樣就有可能讓人相信：存在着某種意味深長的敘事深植於現實中，即使它不具有任何超人的源頭。例如，小說家喬治・艾略特(George Eliot)沒有宗教信仰；但是拿《米德爾瑪契》(*Middlemarch*)這部小說來說，和許多現實主義文學作品一樣，它預設了歷史本身含有一個有意義的設計。經典現實主義作家的任務與其說是要虛構一個寓言，不如說是要把內含於現實中的隱藏的故事邏輯表現出來。與之相反，現代主義作家，比如喬伊斯，他覺得模式不是從宇宙中挖掘出來，而是被投射到宇宙之中的。喬伊斯的小說《尤利西斯》，從書名所指的希臘神話就可以看得出來，全篇都經過精心營造；但部分荒唐之處在於，隨便什麼神話也許都可以起到同樣作用，賦予這個偶然的、雜亂的世界某種秩序的假象。

在把「有意義」視為「揭示了某種意味深長的設計」這種寬泛理解中，我們可以不預設意義背後有個作者，便談論某物的意義；討論人生的意義的時候，這一點值得留意。宇宙可能沒經過有意設計，它幾乎肯定也不是想表達些什麼，但也不是全然雜亂無章。相反，它的深層規律顯示出某種美感、對稱和簡潔，能令科學家們感動落淚。認為這個世界要麼是由上帝給定意義，要麼完全混亂而荒謬，這是一種錯誤的二元對立思維。即使那些碰巧把上帝當做人生終極意義的人，也不必非要認為，沒了這塊神性的基石，就將沒有任何連貫的意義。

宗教原教旨主義有一種神經質似的焦慮，覺得如果沒有一種所有意義背後的終極意義，意義就根本無以立足。這不過是一種輕率的虛無主義。這種想法的實質是，總覺得人生像紙牌搭建的房子一樣：輕輕彈開底部那一張牌，整個脆弱的結構便會散落。這麼想事情的人不過是一種象徵說法的囚徒。實際上，許多宗教信徒都排斥這種觀點。沒有一位有理智、明是非的信徒會認為，非信徒注定要陷入絕對的荒謬之中。他們也不會必然認為，由於有了一個上帝，人生的意義問題就變得一清二楚。恰恰相反，一些懷有宗教信仰的人認為，上帝的存在使得這個世界更加神秘莫測，而不是變得明朗易解。即使上帝的確有一個明確的旨意，那也是我們猜不透的。在這個意義上，上帝

不是解開問題的答案。他容易讓事情複雜化，而不是讓一切變得不言自明。

在同時思考自然有機體和藝術作品時，哲學家伊曼努爾·康德在《判斷力批判》中認為，兩者展現了「無目的的目的性」。人體沒有目的；但我可以說，各個器官依據它們在整個身體系統中的位置而具有特定「意義」。並且這些意義不是由我們自身決定的。人的雙腳不是由誰設計的，我們也不能說，腳的「目的」是幫助我們踢、走、跑。但是，腳在人體這個有機體中具有特定功能，所以，一個不懂人體解剖學的人問腳有什麼意義是合情合理的。「意義」的其中一個意思是某個系統內特定詞語的特定功能，同樣，我們可以稍微延伸一下語言系統的範圍，聲稱腳在作為整體的身體中是有意義的。腳不只是腿的盡頭一隻隨意的垂片或鉸鏈。

再舉個例子：聽到狂風神秘地吹過樹木時，你問「那響聲是什麼意思？」並不會顯得太奇怪。無疑，狂風不是想表達什麼含義；但它的聲響還是「表示」了一些信息。我們如果要滿足提問者的好奇心或安撫其緊張心理，可以講述一點兒關於氣壓、聲學等的故事。同樣，這不是我們自己能決定的意義。我們甚至可以說，一些隨意擺放的卵石，也能表達出某種意義——這些卵石不經意間拼出了（例如）「一切權力歸

屬蘇維埃」，即使沒有人懷着這個目的擺放它們。[7]

有些事物的出現純屬意外，比如生命看起來就是如此，但仍然可以展現出某種構思。「意外」不等於「不可理解」。交通意外並非不可理解。它們並非完全毫無來由的反常事件，而是一系列具體原因所導致的後果。只不過這個後果並非當事人有意為之罷了。某些過程可能當時看上去是意外，但事後看來，可以由某種有意義的模式來解釋。這或多或少是黑格爾的世界歷史觀。我們經歷的時候可能覺得毫無意義，但對於黑格爾而言，比方說，當時代精神越過自己的肩頭回望，對自己所創造的一切投去讚賞的一瞥時，一切都具有了意義。在黑格爾眼中，甚至歷史的愚蠢錯誤和盲目小道最終都是這宏大構思的一部分。與之相反的另一種觀點，體現在一個老玩笑中：「我的人生充滿光彩奪目的角色，但我不知道該怎麼安排情節。」從一個時刻到另一個時刻看起來都有意義，但全部歸在一起則出了毛病。

還有什麼方式來看待非意圖的意義呢？一位藝術家可能在畫布上繪出「豬」這個詞，但不傳達「豬」的意思——不是想「表達」豬這個概念，可能只是覺

7　羅傑·斯克魯頓在他的《現代哲學》(倫敦，1994)的第251頁駁斥了這種觀點。斯克魯頓自己使用的短語不是「一切權力歸屬蘇維埃」，而是「上帝已死」——個無意為之但頗具意義的選擇，因為尼采曾高呼上帝已死，或者說意義的終極母體已死，而這被認為會導致意義闡釋的無政府狀態。我自己舉的例子無疑同樣有啟發性。

得「豬」這個詞的造型很迷人。然而,字型還是會表達出「豬」的意思。與之相反的例子是,一位作家在他的作品中加入大量胡言亂語。如果這有一個藝術目的,我們可以說這些詞語傳達出了意義,雖然字面上無意義。例如,達達主義可以借這段胡言亂語批評那些認為詞義固定不變的古板之見。作者這麼做是「意圖」表達些什麼的,即使他「想說」的話只能用他語言系統裏無意義的詞語來表達。

我們談論莎士比亞戲劇中複雜的意義網絡時,並不總是認為莎士比亞在寫下那些台詞的時候腦子裏一直裝着那些意義。任何一位想像力如此豐富的詩人,怎麼可能時時想着筆下所有詞語的全部意涵呢?說「這是這部作品可能的意義之一」,有時即是說這部作品可以從這個角度來合理地解讀。而實際上作者當時究竟「在想什麼」,恐怕永遠無法得知,甚至他自己也想不起來了。許多作者都曾遇到過這樣的情形:別人向他展示作品的多種意義,但其實作者本人創作時根本沒有想到。還有,按照意義的問題定義並非故意意圖的「無意識意義」呢?「我真的是用筆在思考,」維特根斯坦說,「因為我的腦袋常常不知道我的手在寫什麼。」[8]

* * *

8　維特根斯坦,《文化價值》(芝加哥,1984),17e。

正如有人可能認為，有些東西——甚至「人生」——或許有一種意味深長的設計或方向，但不是任何人所意圖的；你也可以認為人的存在毫無意義、混亂無序，但實際上這正是意圖的結果。這可能是惡意的「命運」或「意志」的成果。大致說來，這正是德國哲學家阿圖爾·叔本華的觀點，這位哲學家的觀點是如此消極，以至於他的作品無意間成為西方思想史上偉大的滑稽經典。(甚至他的名字也有點滑稽，「叔本華」是高貴、冗長的姓氏，「阿圖爾」則相當市井。)在叔本華看來，全部現實(不單單是人生)都是他所謂的「意志」的短暫產物。意志是一種貪婪的、無法平息的力量，它有自己的意圖性；但如果說它產生了世上的一切，那不過是它保持自我運轉的手段罷了。意志通過再生產現實來再生產自我，雖然這一切絕無任何目的。因此，人生的確有一個本質或核心動力；但這個真相令人恐懼，而不是鼓舞人心，它將導致破壞、混亂和永久的痛苦。並非所有的宏大敘事都不切實際。

由於意志純粹由自己決定，它的目的完全內在於自己，彷彿是對上帝的惡意模仿。這意味着，它不過是在利用我們人類和世界上的其他生命，來實現自己的神秘目的。我們也許自認為，我們的生命擁有價值和意義；但真相卻是，我們的存在只是在無助地充當意志的工具，為其盲目而無意義的自我再生產服務。

圖7 阿圖爾·叔本華，他的表情與他的人生觀一樣嚴酷

不過要實現這一點，意志必須讓我們產生錯覺，誤以為人生真的有意義；它的做法是，在我們腦中培育一種自我欺騙的拙劣機制，即「意識」，我們由此而獲得一種幻象，覺得自己的人生有目的、有價值。它讓我們誤以為，它的渴望即我們的渴望。在這個意義上，叔本華眼中的一切意識都是虛假意識。就像老話說的那樣，語言是我們掩飾思想的工具，同樣，意識也是蒙蔽我們，讓我們無法看到自身存在之徒勞本質的工具。否則，一旦直面屠殺與貧瘠的全景（也即人類歷史），我們肯定會自我了斷。不過，甚至自殺行為也代表了意志的狡黠勝利：它是不朽的，相形之下，它的人肉玩偶則將一一死去。

如此說來，叔本華屬於哲學家中的以下譜系：這些哲學家認為虛假意識遠不是需要用理性之光驅散的迷霧，而是絕對內在於我們的存在中的。早期著作受到叔本華影響的尼采，也屬於這類哲學家。「真理是醜陋的。」他在《權力意志》中寫道，「我們擁有藝術，是為了防止被真理摧毀。」[9] 西格蒙德·弗洛伊德是另一位深受他那位悲觀的德國同胞影響的人。弗洛伊德將叔本華稱為「意志」的那個東西重新命名為「慾望」。對弗洛伊德來說，幻想、誤解和對真實（the Real）的壓抑都是自我的構成要素，而非附屬部分。一旦失去這些補救性的遺忘，我們將無法度日。

9　尼采，《權力意志》（紐約，1975年），第435頁。

會不會事實是這樣：人生確實有其意義，但這個意義我們還是不知道比較好？我們傾向於假設發現人生的意義是自然而然值得努力的事，但如果我們的這個想法是錯的呢？如果真實是一隻會把我們變成石頭的怪獸呢？

畢竟，我們總是可以問，為什麼有人想要知道人生的意義。他們是否確信，這有助於他們活得更好？畢竟，許多人雖然看起來不知道這項奧秘，卻也活得不錯。又或者，他們一直都掌握着人生的奧秘，只是自己不知道。興許，人生的意義就是我現在正在做的事，就像呼吸一樣簡單，我根本意識不到它。如果人生的意義之所以神秘，不是因為它被藏了起來，而是因為它離我們的眼球太近，以至於我們無法看清呢？也許，人生的意義不是某個需要追求的目標，或一塊需要發掘的真理，而是生活本身表達出來的某種東西，或者寓於某種生活方式之中。畢竟，一段敘事的意義不只在於它的「目的/結局」，還在於敘事過程本身。

維特根斯坦對此有段恰當的表述。「如果有人覺得他解決了人生的問題，」他寫道，「並且想要告訴自己一切現在都變得簡單，那麼，只要他想一想自己過去沒發現這個『答案』的時候，便會意識到自己錯了；而那時候也照樣生活，現在發現的人生答案就過去的生活來看似乎是偶然的。」[10] 在這個看法的背

10　維特根斯坦，《文化與價值》，4e。

後，是維特根斯坦的一種確信：如果有「人生的意義」這麼一個東西，那它既不是一個秘密也不是一個「答案」──這兩點我們後面會繼續討論。同時，我們可以再問一次：如果人生的意義是某種我們應該想方設法不去發現的東西呢？

啟蒙運動時期的思想家們則不會這麼想問題，他們認為，應該勇敢地分清是非對錯。然而，18和19世紀之交，「救贖的謊言」或者說「有益的虛構」這種觀念，逐漸流行開來。或許，人類將被真理摧毀，倒在它無情的目光之下。與許虛構和神話不只是需要清除的謬誤，更是能讓我們存活下去的有效幻象。生命也許不過是一次生物學上的意外事件，甚至不是受到盼望的意外；但它在我們體內培育了一種隨機現象，即心靈，我們可以依靠心靈來抵禦由於知曉自己的偶然性而產生的恐懼。

彷彿在為我們施行順勢療法，大自然既給了我們毒藥，也好心地給了解藥，而毒藥和解藥是同一種東西──人的意識。我們可以轉而去徒勞地猜測，大自然關心作為整體的人類卻對個體生命如此冷漠的原因。或者，我們可以把思緒轉向建構那些賦予生命的神話──宗教、人文關懷等──它們也許可以在這個不友善的宇宙間給我們一些地位和意義。這些神話從科學的角度來看也許是不正確的。但我們在科學真理上或許過於自負，以至於認為它是唯一真理。

就像總體上的人文學科一樣，這些神話可以說含有自己的真理——不在於它們提出的命題多麼雄辯，而在於它們所產生的實效。如果這些神話能讓我們懷着價值感和目的感去行動，那麼，它們就足夠真實，值得繼續。

我們如果去看20世紀馬克思主義理論家路易·阿爾都塞(Louis Althusser)的著作，就會發現，這種思維方式甚至滲入了馬克思主義，帶着其對意識形態所帶來的虛假意義的堅決抵制。但如果意識形態是極其必要的呢？如果我們需要用意識形態來說服自己，讓我們相信自己是能夠自主行動的政治主體呢？馬克思主義理論也許覺得，個體沒有很大程度的聯合性和自主性，甚至沒有現實性；但每個個體自身必須相信他們有，如果他們想有效行動的話。在阿爾都塞看來，保衛這種補救性的幻象是社會主義意識形態的任務。對弗洛伊德而言，心理學意義上的「自我」亦是如此，自我不過是無意識所衍生出來的，而它卻把自己當做世界的中心。自我覺得自己是一個完整的、獨立的實體，而精神分析學知道這不過是幻象；但不管怎麼說，是有益的幻象，我們根本離不開它。

看起來，我們無法談論人生的意義了，也許還面對着人生與意義之間的選擇。如果真理將摧毀人類的存在呢？如果它如年輕時的尼采所想，是一種毀滅性的酒神力量；如叔本華陰鬱地沉思的，是一種貪婪的

意志；或如弗洛伊德所設想，是一種吞噬一切、冷酷無情、超越於個人之上的慾望呢？對精神分析學家雅克・拉康（Jacques Lacan）而言，人的主體要麼「意指」，要麼「存在」，不可能兩者兼具。一旦我們進入語言，進而步入人性，所謂的「主體的真理」，即存在本身，就被分割在沒有盡頭的局部意義的鎖鏈之中。我們只能放棄存在以追求意義。

要到受尼采和叔本華雙重影響的小說家約瑟夫・康拉德，這種思想傾向才第一次大規模地進入英文寫作。作為一位哲學上十足的懷疑主義者，康拉德不相信我們的種種概念、價值和設想在這個如波紋一般無意義的世界裏有任何根基。即使如此，還是有各種道德和政治上的緊迫理由要求我們假裝相信這些概念、價值和理念有堅實的基礎。如果我們不這麼做，一個人們不願意看到的結果將是社會的無政府狀態。甚至可以說，我們懷有信念這個事實比我們相信的具體內容更加重要。這種形式主義接着就進入到存在主義，對後者而言，介入的狀態本身，而不是介入的實際內容，才是本真性存在的關鍵。

劇作家阿瑟・米勒（Arthur Miller）筆下的角色是很好的例子。如《推銷員之死》中的威利・洛曼或《橋上一瞥》（*A View from the Bridge*）中的艾迪・卡本，都介入他們自己的某重身份，並介入身邊的世界，從客觀的觀點來看，這個世界是不真實的。比如威利，他

相信人生的意義在於獲得社會的尊敬和財富上的成功。然而，對這些自欺欺人的人物來說重要的，就像易卜生筆下的悲劇角色一樣，是他們投入這種介入活動的強度。到最後，有意義的是他們執著於自己的扭曲形象時表現出的英雄般的毅力，雖然這種毅力將他們帶向了錯覺和死亡。有信仰地活着——也許是任何過時的信仰——即是要為自己的生命注入意義。這樣看來，人生的意義就變成了你的生活方式問題，而非實際內容問題。

只有傻瓜才會想像人生值得一過，在叔本華看來這是自明的真理。對他而言，人生最恰當的象徵是擁有鏟狀爪子的鼴鼠：

> 用它碩大的鏟狀爪子使勁挖洞是它一生唯一的事業；無盡的黑夜籠罩着它……它歷經充滿困難、毫無樂趣的一生又獲得了什麼呢？只是食物和繁殖，即在新的個體中繼續和重新開始悲慘一生所依賴的途徑？[11]

整個人類的進程明顯是一個可怕的錯誤，早就應該叫停。只有那些頑固不化、自我欺騙的人面對屍橫遍野的歷史時才會不這麼想。人類敘事就是這樣一種毫無

---

11 阿圖爾·叔本華，《作為意志和表像的世界》（紐約，1969年），第二部第353–354頁。

變化的不幸，只有那些被意志的狡黠俘虜的人才會覺得人類的誕生是值得的。

在叔本華眼中，這個自我感覺良好的物種身上有種荒謬的東西，其中每個人都相信自己具有至高價值，追逐一些會在瞬間化為烏有的啟迪性目標。這無意義的喧嘩與騷動並沒有偉大的目標，只有「暫時的志得意滿、由渴望限定的瞬間快感、大量而長期的痛苦、持續不斷的掙扎、一切人對一切人的戰爭、互相逃避和追捕、壓力、慾望、需求、焦慮、尖叫和怒號；這是永恒的景象，或者等到地球土崩瓦解再重新展開」[12]。叔本華所能指出的是，「沒有人對這整場悲喜劇存在的原因有絲毫的了解，因為它沒有觀眾，演員也經歷着無盡的煩憂，極少有享受，並且只有消極的享受」[13]。這個世界不過是一次徒勞的欲求、一場荒誕的爛戲、一個巨大的交易市場或生命互相廝殺的達爾文主義鬥獸場。

當然，總有他人的陪伴；但對叔本華來說，是純粹的無聊驅使着我們去尋求陪伴。就意志而言，人類與水螅之間沒有顯著區別，兩者都是完全單調的生命動力運轉的工具。人內心的最底層攪動着一股力量——「意志」，它才是人的內在本質，但它就像攪動海浪的力量一樣無情又無名。主觀性是最不能被稱

12　同上，第354頁。

13　同上，第357頁。

為屬於我們自己的東西。我們內心承擔着一股由虛無帶來的遲鈍的重量，彷彿會隨時蘇醒過來在心裏作怪；這是意志在我們內心的作為，它構成了我們自我的核心。一切都帶着渴望：人類不過是帶着他們父輩繁殖本能的行屍走肉，這些徒勞的慾望都建立在匱乏的基礎之上。「所有的意志行為，」叔本華寫道，「都來自匱乏、缺陷，因而都來自痛苦。」[14] 慾望是永恒的，而慾望的滿足則是罕見而不連續的。只要自我持續存在，被我們稱做「慾望」的致命傳染病就不會消失。只有無我的審美沉思，以及一種佛教式的自我克制，才能治愈我們因匱乏而產生的散光病，重新看清這世界的本來面目。

　　無須多言，事情還有另一面。然而，如果叔本華仍然值得閱讀，那不只是因為他比幾乎任何哲學家都要更坦誠、更嚴酷地直面了人生的某種可能性，即人的存在在最卑劣、最可笑的層面上都毫無意義。還因為，他講的大部分內容都是對的。總的來說，實際的人類歷史更多地是以匱乏、苦難和剝削，而不是以文明和教化為主要內容。那些想當然地認為人生必定有意義，並且是令人振奮的意義的人，必須直面叔本華的陰鬱挑戰。他的著作讓這些人不得不盡力避免自己的觀點淪為安慰性的止痛劑。

14　阿圖爾·叔本華，《作為意志和表像的世界》（紐約，1969年），第一部第196頁。

第三章
意義的沒落

請看安東・契訶夫的劇本《三姐妹》中的一小段對話：

瑪莎：難道不是有一些意義嗎？

屠森巴赫：意義？……看看窗外，正在下雪。那又有什麼意義？[1]

雪既不是一種陳述，也不是一個象徵符號。就我們所知，那並不表明諸神在傷心難過。它並不在努力訴説些什麼，正如菲利普・拉金想像春天所做的：

樹木吐新枝

宛若將欲言……

《樹木》

---

[1] 瑪莎的疑問針對的是屠森巴赫的一段感慨：「不但在兩三百年以後，就是再過一百萬年，生活也還會像現在一樣，它不改變，它是固定的，它要遵循它自己的法則，這個法則，我們是一點也看不見的，或者，至少是我們永遠也不會懂得的。就像候鳥，拿仙鶴作比吧，它們來來回回不停地飛，無論它們腦子裏轉着什麼念頭，高超的也好，渺小的也好，依然阻不住它們得繼續不明目的、不知所以然地飛。」引自焦菊隱譯《契訶夫戲劇集》，第388頁，上海譯文出版社，1980年版。——譯注

但是，說「看看窗外，正在下雪」，這已經包含了許多意義。就它屬於一個可理解的世界的一部分來說，雪是有「意義」的，這個世界由我們的語言所組織和展開。這不是什麼怪異的謎團。如果一個人從未見過下雪，那他問一句「那是什麼意思？」並不突兀。雖然雪不象徵任何東西，但它應該被視為一個能指。也許，它表示冬天即將來臨。這樣，雪就是由我們能夠理解的自然規律主宰的氣象系統的一個組成部分。我們可以強調，這種類型的意義是「內在固有的」，而非「外在賦予的」：雪意指冬天即將來臨，不管我們碰巧認為它意指什麼。下雪這個事實還能被用做一個能指：實際上，屠森巴赫正是這麼做的，他（頗具諷刺意味地）把雪指做無意義的一個符號。或者有人會高呼：「快看，下雪了——冬天來了！我們最好動身前往莫斯科」，這使得雪成為人類活動的一個能指，成為人與人之間信息交流的基礎。在所有以上列舉的意義上，下雪都不單純是下雪而已。

也許屠森巴赫（Toozenbach）是想說這個世界荒誕不經。但「荒誕」也是一種意義。類似「那也太荒謬了吧！」的感嘆讓人聯想到，存在着某種連貫的獲得意義（sense-making）的可能性。只有在這種意義獲得的對照之下，荒誕才具有意義，就像只有在確定性的背景之下，懷疑才具有意義。我們面對那些宣稱人生無意義的人，總是可以反駁：「你說的無意義是指什

麼？」他接下來的回答必定是從意義方面來表達。那些追問人生的意義的人常常問，人生中的各種境況總括起來意味着什麼；但既然分析人生中的每一個具體處境都要涉及意義，那麼，就不能悲嘆人生沒有任何意義。懷疑一切乃是空洞的姿態，同樣，我們也難看出人生從頭至尾就是荒誕。也許就缺乏給定的目的或目標來說，人生從頭至尾是無意義的；但除非我們能依據某一邏輯來評價這一事實，我們就不能說人生完全荒誕。

然而，情況或許是，我們的人生相比它曾經含有的意義顯得荒誕，或者相比你所認為的它曾含有的意義顯得荒誕。契訶夫之類的現代主義者為什麼會如此關注無意義之可能性，其中一個原因是，現代主義本身離過去那個充滿意義，或至少據說充滿意義的時代不遠。契訶夫、康拉德、卡夫卡、貝克特等作家當時還能足夠切近地感受到意義的消散，並為之震驚和沮喪。典型的現代主義藝術作品仍然沉浸在有秩序的世界的記憶之中，心存留戀地把意義的沒落當做一陣劇痛、一樁醜聞和一次不堪忍受的剝奪。這就是為什麼這些作品經常圍繞着一個缺席的中心打轉，那個中心是一種隱秘的缺口或緘默，它標誌着意義流失的出口。我們會想起契訶夫《三姐妹》裏的莫斯科城、康拉德的非洲黑暗的心、維琴妮婭‧吳爾芙(Virginia Woolf)的茫然的神秘燈塔、E. M. 福斯特(Forster)空空

的馬拉巴爾洞穴、T. S. 艾略特的變幻世界的固定點、位於喬伊斯(James Joyce)《尤利西斯》核心的不遇、貝克特的果陀或卡夫卡筆下的約瑟夫·K的莫名罪行。處於不斷追求意義而意義惱人地不斷閃躲的張力之中，現代主義可能是真正的悲劇。

相形之下，後現代主義已經遠離了那個存有真理、意義和現實的時代，像一個毛頭小伙那樣粗魯地對待那些痴想的錯覺。沒必要為從未存在過的深度而神傷。深度看似消失並不表明人生膚淺，因為你必須先有深度才能襯托出膚淺。諸種意義之意義不是一個可靠的根基，而是具有壓抑性的幻覺。不依靠那些意義的保證而生活，這才是自由的生活。你可以說，過去確曾有過一些宏大敘事(例如馬克思主義)，它們回應了某些真實的東西，但現在我們已經完全擺脫了；或者你可以堅持認為，這些敘事話語從一開始便是妄想，也就無所謂失不失去。要麼這個世界不再由故事來塑造，要麼這個世界從未被故事塑造過。

儘管許多後現代思想在這個問題上觀念幼稚，但有一點它們的確有提示性。面對預設的無意義的世界，讓–保羅·薩特所說的「噁心」或加繆悲劇性的反抗，在面對一個被假定為無意義的世界時，確實是各自所回應的問題的一部分。只有你原本就對這個世界抱有不實的期待，你才可能感到世界不是完全舊式的無意義，而是令人噁心的無意義。這麼說來，加繆和

薩特離過去的那個看上去有意義的世界不遠；但如果他們覺得即使在那時，這也是一種錯覺，那麼，伴隨那個時代的消失所喪失的到底是什麼呢？人生也許沒有一個固有的目標，但這不能說明人生是徒勞的。虛無主義者不過是幻滅的形而上學家。對世界的憂懼不過是信仰的輕率的一面。這就像那些叛教的羅馬天主教徒，他們傾向於變成徹頭徹尾的無神論者，而不是變成英國高教會派的聖公會信徒。你只有因為曾錯誤地想像這個世界可能本質上具有某種意義——後現代主義者則覺得此說不通——現在才會如此失望地發現世界原來並無意義。

薩繆爾·貝克特(Samuel Beckett)的作品可被解讀為擱淺於現代主義與後現代主義的境況之間。在強調意義的極端難解方面(他曾說自己最喜歡的詞是「也許」)，貝克特是經典的現代主義者。他的文字從頭到尾瀰漫着一種文字本身的易逝之感，反諷地認為它們也許最好從未存在過。這就是為什麼他的文字看似勉強存在的原因——危險地徘徊在語義連貫的邊緣，隨後無精打采地跌入某種無言的黑暗。它的空泛恰到好處，幾乎難以察覺。意義忽閃忽滅，幾乎剛一出現就自我清除。一段無意義的敘事話語費勁地脫離自己的現實根基，結果還是在半途因另一個同樣徒勞的敘事而夭折。甚至沒有足夠的意義能夠道出與我們的預期相背離的東西。

圖8　薩繆爾·貝克特戲劇《等待果陀》中的弗拉季米爾和愛斯特拉岡

奧斯維辛之後，每件事情都變得曖昧和不確定。每個命題都是暫時的假設。我們很難確定是否有任何事正在發生，因為，在這個世界上哪些事情還能算做事件呢？等待果陀算是一個事件，還是事件的懸置呢？等待，是一種沒有內容的行為，意義的一次無限延遲，一種對未來的期待——同時也是一種活在當下的方式。這表明活着即延遲，延遲那終極意義的到來；儘管推遲的行為使得人生難以承受，但也可能正是這種行為使得人生處於運動之中。畢竟，在一個意義的獲得是如此脆弱、斷裂的世界裏，你怎樣才能辨認出這樣一種燦爛的意義呢？《等待果陀》裏的愛斯特拉岡和弗拉季米爾也許已經辨認不出了；也許波卓就是果陀(他倆可能聽錯名字了)，只是他們沒認識到。或許，整個令人痛苦的、鬧劇般的時間停滯，就是果陀的到來，就像哲學家瓦爾特·本雅明(Walter Benjamin)認為，歷史的空虛恰恰以否定的形式指出了彌賽亞即將降臨。與許果陀的到來將是一次有益的祛魅，告知人們其實本無必要等它——從來就沒有什麼重要的東西在呼喚救贖，但這種認識本身也是我們的錯誤意識的一部分。這有點類似於瓦爾特·本雅明的彌賽亞觀念，即彌賽亞真的會變革世界，但變革的手段卻是作些微調。

如果這個世界是不確定的，那麼，絕望就是不可能的。一個模糊不定的現實必然要留些許空間給希

望。也許，這就是流浪漢不自殺的原因。（不過，是誰稱他們為流浪漢的呢？）貝克特的世界裏沒有死亡，只有不斷地衰退——肢體僵硬、皮膚剝落、眼球模糊、聽力下降，一種似乎將永遠持續下去的頹敗。果陀的缺席好像把生命投入了極端的不確定性之中，但那也意味着，並不能確定他不會來臨。如果一切都不確定，那麼我們對一切的了解也就不確定，我們就無法排除存在着對這一切的密謀的可能性。在一個萬事無絕對的世界裏，甚至絕望也不是絕對的。看起來這樣的世界裏毫無救贖的可能，即使在我們看來，在這種地方救贖的觀念可能仍合情合理；不過，也可能並不是絕對需要救贖。無論如何，完全從另一個角度看，誰又會說這塊怪異的、殘缺的、無毛的血肉之軀不是在變革的邊緣蹣跚而行呢？

至少可以説，看起來可能性極小。然而，在貝克特的筆下沒有什麼是確定的，每一個破碎的能指都將我們運送到下一個能指——這個事實不單可以被視為一個慾望的寓言，也可以被視為意義的寓言。意義也是一個無盡的、未完成的過程，從一個符號拖著腳步走到另一個，對於終結既無恐懼亦不指望。我們至少可以肯定，意義總是越挖越多。邏輯上不可能有一個終極意義，一個終結所有闡釋的意義，因為它本身也需要闡釋。既然一個符號的意義來自於它與其他符號的關係，那麼，就不會有一個終極的符號，正如不會

有一個終極數字，或終極之人。

在貝克特的世界裏，意義總是越挖越多這個事實通常意味着痛苦也越多。然而，終極意義的這種退場也提供了一些條件，因為它創造了讓我們暫時得以生存的空間。的確，生存和發展所需要的保證，比貝克特的枯竭宇宙所能提供的要多；但保證如果太確定，那也會阻礙我們的發展。「也許」一詞是貝克特回應法西斯絕對主義的一種方式，作為法國抵抗運動的參加者，他英勇地反抗着法西斯絕對主義。如果說我們的確需要一定程度的必然性來過日子，那麼反過來，太多的必然性也是致命的。同時，某些看上去無法扼殺之物一直延續着軌跡，帶着消化過程所具有的全部特徵——單調乏味、千篇一律又難以平息。

穩定意義的消失是我們難以將貝克特的作品定為悲劇的原因之一，因為他的作品看起來太不確定了。另一個原因是其堅定的庸俗感，頗具愛爾蘭諷刺意味的吹噓和泄氣話。它具有一種反文學的筆調，顛覆了文學成就的濃烈修辭。他的文字與失敗，與只求苟延殘喘的累人而乏味的苦差簽訂了契約。貝克特筆下內心被掏空的、沒有記性的人物甚至配不上擔當悲劇主角，因為悲劇主角至少具有某種穩定的內涵。他們甚至連上吊都準備不好。我們面對的是粗俗的滑稽戲和陰鬱的嘉年華，而非動人的戲劇。就像第二次世界大戰一樣，極端行為就是今天的秩序守則。我們甚至不

能稱那些親身經歷的痛苦是我們自己的，因為人類主體已經與它所屬的歷史一道崩潰了。將一段記憶或經歷賦予這個人類主體而不是那個，這需要某種程度的確信，而這種確信現在已經很難獲得了。

貝克特的文字鮮有穩定性和同一性。問題接踵而來：為什麼事物能夠既如此反復無常又如此持續地讓人痛苦？不過他的作品的悖論在於，儘管在它的核心有一個由意義塑造的空洞，它卻保留着對真理與意義的懷想。逃避與曖昧的另一面是貝克特苦行僧般地堅持追求準確性，以及他那顆愛爾蘭經院哲學的心。他的文字反常的地方在於，對零零碎碎的意義如學究一般考究，對純然的空虛也要精雕細琢，狂熱地想要言說那不可言說之物。他的技法採用一組假設，用類似結構主義的方式讓它們經歷各種機械排列，直到過程窮盡，再換另一組同樣無意義的排列。同樣幾片碎片和殘餘，經過重新組合以後就成了一齣完整的戲劇。貝克特的世界也許帶有神秘氣息，但他的方法卻是冷靜的去神秘化手法。他語言節制，削去任何無關緊要的枝蔓，大砍大刪，只留筋骨。它的文字流露出一種新教傾向，即反對過剩和裝飾。簡省，也許是最接近真理之徑。讀者受到的款遇沒有那麼熱情，卻更加真誠。讓我們震驚的是他的作品編織廢話時的極端細緻，以及擺弄各種暗示和荒唐話時的嚴密邏輯。貝克特的材料或許是原始而不加選擇的，但他處理材料的

手法卻具有諷刺意味地是程式化的，如芭蕾舞手勢一般地優雅、簡約。真理、邏輯和理性的整個形式框架彷彿完整無缺，即使裏面的內容已經被一點一點抽空了。不過，貝克特作品的另一面是一種後現代的實證主義，在這一面中，事物並非無止境地迷惑難解，只是無知覺地成為它們自己罷了。正如他在巴黎的同代人薩特在《存在與虛無》中所寫的：「自在的存在(being-in-itself)未經創造，其存在沒有理由，與其他存在沒有任何關聯，它永遠是多餘的。」[2] 這反映了貝克特的某個方面，即接受這個世界的任何實際樣貌，身為一個對小石子或圓頂禮帽等物件的完全無生命的物質性充滿驚奇，並反對向它們施加某種自以為是的意義的藝術家（「無人為意圖，即無象徵符號，」他寫道）。這些無生命的物件當中，最主要（儘管不享有特別地位）的是身體，身體上似乎從來不附着意義。身體只是一台笨拙的機器，我們就像坐在一台起重機裏面一樣棲息在身體中。貝克特世界中的事物要麼毫不起眼，極為模糊，要麼對意義完全無動於衷。現實要麼表情冷漠，不為意義的獲得提供任何支撐，要麼是能指的一次神秘閃現。現實模糊而易逝，但也是充滿利刃和重量、讓人粉身碎骨之地。

依這種次級的、「後現代」的角度來看，人生並非充滿意義，但也並非毫無意義。悲觀地說存在失去

2　薩特，《存在與虛無》（倫敦，1958），第xlii頁（譯文有修訂）。

了意義，就表明你仍然被囚禁於幻象，覺得它可能有意義。但是，如果人生不是那種可以從這兩個方面中的任何一個來言說的東西呢？如果意義是人創造出來的，那麼我們怎麼能預料這個世界本身有沒有意義呢？這個世界沒有呈現出充滿意義的樣子給我們，但我們為什麼要為此而悲傷呢？你不會因為自己出生時沒有戴小羊毛帽而感到悲傷。人們不會期待嬰兒戴著神氣的小羊毛帽出生。我們沒有理由為此而心情低落。你不戴帽子來到這個世界——沒有理由為此產生悲劇式的憂懼。這不是那種讓你在日常生活中悶悶不樂地意識到的匱乏。

這裏沒有東西被漏掉，就像被問及「水壺為什麼在沸騰？」時，我回答「因為我把它放在了煤氣灶上」沒有遺漏什麼一樣。不過，有人可能懷疑，我沒有真的解釋水壺為什麼在沸騰，除非我還解釋背後的整個化學過程和這個過程背後的化學原理等等，直至挖到最深層的那個基本原理，終結所有問題。除非有一個絕對的根基，否則總有什麼缺失。一切事物肯定都懸在空中，搖搖欲墜。對有些人而言，意義亦是如此。的確，如果意義只是某種我們鑽研出來的東西，它就不能充當現實的牢固基礎。事物必須內在地有意義，而不是靠我們鑽研出意義。所有這些意義必須能夠整合成一個總的意義。除非有一個諸種意義背後的總意義，否則就完全沒有意義。如果下雪這個事實沒

有表明上帝在用遺忘的柔軟斗篷籠罩世界，那麼，下雪便是荒誕之事。

那什麼是「內在的」意義呢？意義可不是像墨水在瓶子裏面一樣在事物「裏面」。這個世界有可能存在某種意味深長的設計，而我們完全不知道（例如，就像一片看不見的雪花，或一種尚未發現的社會學模式）；但是，在更普通的意義上，「意義」不是這麼來理解的。意義乃是對世界的解釋，因而由我們決定。談論「內在的」意義，可歸結為談論試着描述某件實際存在的東西。但進行描述的乃是我們。我們可以把這一點和「被指定的」意義，例如「格陵蘭島」作比較。還存在明顯是主觀的意義，例如「我覺得，芝加哥的天際線是上帝的輪廓」或「我只要一聽到『骨盆』這個詞就聯想到亞伯拉罕·林肯」。

後面我們會看到，我們能夠把意義當做某種植入事物內部的東西或事物本身具有的性質來談論。不過大多數情形下，「內在的」意義只是我們的語言所能深入到事物身上的那部分。有時存在一些情形，我們根本不知道那裏存在着什麼，我們所有的解釋可能都偏離了真相，比如瑪麗·塞勒斯特號[3]到底發生了什麼。這又會怎樣影響到我們關於人生意義的辯論呢？人生可能具有某種我們所有人都一無所知的「內在」

3　瑪麗·塞勒斯特號是1872年12月在北大西洋發現的一艘保存完好的美國棄船，船員去向及棄船原因始終是個謎。——譯注

意義——它不同於我們在個體的人生中所建構的意義。例如，弗洛伊德相信人生的意義在於死亡——愛慾或生存本能的全部努力是為了回到死亡一般的靜止狀態，使得自我不再受到傷害。如果這是真的（當然也可能是假的），那麼可以得出，在弗洛伊德發現這個事實以前它就是真的，甚至現在對那些對此毫無所知的人來說也是真的。我們的驅力和慾望可能構成某種我們沒有意識到的模式，而這種模式深刻地決定著我們的存在意義。因此，也許有一種我們現在（或過去）完全不知道的人生意義，但卻並非是由上帝或時代精神等超人力量所賦予。說得更精細些：意義的內在性並不必然表示超驗力量的存在。上帝賦予人生的某種意義，或我們自己喚起的某種意義——也許並非全部的可能性。

我們舉一個語言的例子來討論，「被賦予的」意義和「內在的」意義之間的明顯衝突。文學批評界曾有過一場爭論：到底詩歌的意義是已經在作品裏，等待讀者去挖掘，還是我們讀者將其帶入詩歌的？如果是我們賦予了詩歌以意義，那麼，我們從中得出的意義難道不就是我們賦予它的意義？在這些情形下，詩歌如何能給予我們驚喜，或者讓我們感到它是在反抗我們閱讀它的方式？這裏有一個類比，即人生就是你創造的東西。這是不是說，我們能從人生當中得到的東西只是我們所投入的？「最終，」尼采寫道，「人

在事物中發現的不過是他自己所投入的東西。」[4] 因此，如果你發現人生空虛，那為什麼不自己填充一些東西，就像食物吃完的時候就往冰箱裏填充東西那樣？既然解決方法明顯掌握在自己手上，為什麼還要對着事實大聲哀號？然而，這種意義理論看似過於自我中心主義。我們永遠都不會換位思考嗎？難道一種真正的意義不是我們感到自己是偶然碰到的，不是會抵抗或拒絕我們，不是會以某種不可避免的方式被我們認識到的嗎？如果人生要擁有某種意義，它當然不會是我們隨意投射上去的。人生本身在這件事情上必定要有發言權？

接下來我們將看到人生如何反抗我們對它的創造。同時，我們可以更細緻地考察詩歌「裏面」的意義概念。說「我能否將你比做夏日？」（Shall I compare thee to a summer's day?）這句詩的意義在這些詞語「裏面」，等於說這些詞語在英文中有約定俗成的意義。這種約定要比我想要這些詞語表示的任何意思都更加深入，它最終與共享一種實際的生活方式息息相關。存在一種共同的約定這個事實，並不意味着我們不能在具體的語境下爭辯這些詞的意義。也許這裏的「我能否」表示「你要我」？或者表示「將來我真的會把你比做夏日嗎」？關鍵只是，我們爭辯的不是隨意賦予詞語的意義。即使這樣，這些意義在詩歌的「裏

4　尼采，《權力意志》，第327頁。

面」，僅僅是因為社會慣例決定了英文的字母組合d-a-y表示日出與日落之間的時間段，字母t-h-e-e的組合是過去的人稱代詞「你」的賓格，等等。這些慣例從外部來看自然是隨機的，這一點我們比較一下保加利亞語中的字母組合「day」和「thee」代表什麼便可看清。但是，從內部來看，這些意義不是隨意的，就像象棋規則不是隨意的一樣。

　　說意義是「內在的」——以某種方式植入事物或情境內部，而不是從外部強加上去——也許在表述上有誤導性；但即使如此，也可能說對了一部分。例如，有些物體憑藉其物質存在形態便可表達或體現出某些意義。典型的例子是藝術作品。藝術作品讓人疑惑的地方正在於，它們看上去既是全然物質的，又是有意義的。在本書開頭，筆者曾提及心電圖儀之類的物體自身不可能有意義，因為意義是在語言層面產生的，而不是物體自身產生的。但是，心電圖儀不像捲心菜，它是一件人工製品，所以，我們當然可以說它具有被植入的意義和意圖。畢竟，它在醫藥領域有其獨特的功能，這一功能獨立於我可能分派給它的任何功能。我可以用它在天氣悶熱的時候把窗戶敲開保持通風，或者極為靈活地揮舞它來擊退一個嗜殺的瘋子；但我所使用的仍然是一台心電圖儀。

　　對於那些相信上帝的人，或相信宇宙背後的其他智能力量的人來說，人生之所以具有內在意義和目

的，乃是因為它自身便是一件人工製品。無疑，它在許多方面是一件工藝異常粗糙的作品，明顯是藝術家在缺乏靈感的時候草草完成的。但是，就像你可以談論一件扶手椅一樣，你在這裏也可以談論內在意義。說一件扶手椅是「有意為之的」，這不是說它藏有什麼秘密的願望，而是說，它是為了達到某種效果，即供人坐，才被構造出來的。這一功能意義不受我的主觀意圖的影響。但是，這一意義並非不受全體人類的影響。它以這種方式構造，是因為有人以這種方式設計了它。

當我們問某個具體情境是否是(比如)種族主義實例時，我們是在問這個情境本身，而非我們的主觀感受或我們用來描述這種情境的語言。把「帶有偏見」和「帶有歧視」等意義看做該情境的「內在」意義，這只是我們在自負地聲稱該情境確實帶有種族主義特徵。如果看不出這一點——比如，認為「種族主義」只是我們強加在某些客觀事件之上的一系列主觀意義——我們就不是在按該情境本來的樣子看待它。如果缺少「帶有歧視」等詞語的描述——例如，有人試圖做到「價值無涉」——就無法充分捕捉該情境的實際狀況。無論作為評價還是描述，它都是不合格的。這不一定是說該情境的意義顯而易見。它是不是種族主義的——這一點有可能無法判斷。無疑，這就是當人們宣稱有可能以互相衝突的方式「建構」該情境時

所表示的意思。「種族主義」等詞語體現了可爭辯的闡釋。但我們討論的是該情境的真相，而不是我們所作出的闡釋的具體意義。

再換個方式來看。我們不去追問「內在」意義看起來是什麼樣的，而是追問，意義乃是我們「建構」世界所得出的，這句話究竟意味着什麼。這是不是說，我們可以用任何自己喜歡的舊方式來「建構」世界？當然不是。沒有人真的會這麼想，部分原因是，我們的闡釋時常會出錯。這就是人們對為什麼會出現如此不同的解釋，所給出的理由。然而，所有人都會同意，把老虎「建構」為忸怩作態、惹人憐愛的動物，這是行不通的。首先，我們當中有些人將不再有機會來敘述自己的悲慘遭遇。有些思想家會指出，這與我們的其他闡釋不相符合，而另一些思想家則會說，這種對老虎的理解不會幫助我們做合適的、有益生存的事，比如當老虎亮出利齒時盡可能快地跑開。另一些被稱做「唯實論者」的理論家則會說，我們不能把老虎視為惹人憐愛的動物的原因是，老虎本來就不惹人憐愛。我們是怎麼知道的呢？因為我們有強有力的證據，這些證據來自於一個不受我們的主觀闡釋影響的現實世界。

在這裏，不論個人所持立場如何，似乎「內在固有的」意義與「外在賦予的」意義之間的區分對某些目的足夠有效，在其他方面則適於被拆解。首先，許

多所謂的內在意義，比如異教徒關於命運的解釋、基督教的救贖觀念或黑格爾的絕對理念，都需要人們自己來弄清自己的人生。依照這種理論，每個人並不像叔本華所說的是某種宏大真理的玩偶。按照上面所舉的幾個理論，確實存在這樣一個真理；但如果缺少人們的主動參與，它就無法展開。俄狄浦斯的悲劇命運部分在於，他即使不是盲目，至少也是主動地參與制造了自己的災難。對於基督教信仰而言，除非人們協助參與創造，否則天國永遠不會降臨，雖然他們的參與本來就是天國概念的一部分。在黑格爾看來，歷史理性只有通過個人真正自由地行動才能在歷史進程中實現；實際上，個人越自由，歷史理性就越真實。所有這些宏大敘事都消解了自由與必然性之間的區別，也即鑄造自己的意義和願意接受預先置入世界的意義之間的區別。

一切意義都是人類的言語行為，而「內在」意義只是某些捕捉到了事物真理的言語行為。這個世界不是涇渭分明地分成兩類人，一類相信事物具有「內在」意義，就像闌尾在我的身體腹部一樣，另一類奇怪的人則相信「我有闌尾」這個觀念只是關於人體的「社會建構」。（出於充分的醫學原因，也不是所有這些人都能活着陳述經歷。）這類「建構」是一種與世界的單向對話，在這種對話中，是由我們來敘述事物的真相，就像美國人在伊拉克所做的那樣。但是，實際

上意義是我們與現實相互作用的產物。文本與讀者互相依賴。

回到我們的「提問與回答」模式：我們可以向這個世界提問，這些問題當然是屬於我們的，而非這個世界本身的。但是，這個世界回應的答案之所以對我們有教益，恰恰是因為現實總比我們的問題所預期的更加豐富。現實超越了我們自己對它的解釋，還時不時粗魯地對待或挫敗這些解釋。意義固然是人們所做的事情；但人們是在與一個確定的世界的對話中做事的，而這個世界的運行規則不是人類發明的，並且人們的意義要想有效，他們就必須尊重這個世界的本質和特徵。要承認這一點，必須培育某種謙遜的品格，而這和在意義問題上「一切由我們做主」的「建構主義」公理是相悖的。這種表面上激進的概念實際上暗合了西方的一種意識形態，即重要的是我們出於自己的目的賦予世界和他人的意義。

莎士比亞已經意識到這些問題，正如《特洛伊羅斯與克瑞西達》中這段關於特洛伊的海倫的價值的對話所表明的：

特洛伊羅斯：哪樣東西的價值不是按照人們的估價而決定的？
赫克托：可是價值不能憑著私人的愛憎而決定；一方面這東西的本身必須確有可貴的地方，

一方面它必須為估計者所重視，

這樣它的價值才能確立。[5]

第二幕，第二場

　　特洛伊羅斯的想法屬於某種存在主義，即認為事物本身沒有價值和意義可言；事物只能通過人類投入的精力來獲得價值和意義。在他看來，海倫之所以珍貴，是因為她是一場光榮戰爭的導火索，而不是因為她珍貴所以引起了戰爭。相反，不那麼急躁的赫克托則持有一種更加「內在」的價值理論：在他看來，價值是既有物和創造物的結合。事物沒有得到高度珍視，但是它們本身既可能是珍貴的，也可能無足輕重。某種程度上，他當然是對的：健康、和平、正義、愛情、幸福、歡笑、仁慈等都符合內在價值的範疇。還有食物、水、溫暖和房屋，這些是我們維持生命的必需品。但還有許多在赫克托看來具有內在價值的東西——比如黃金——其實是由社會約定形成的。莎士比亞非常清楚價值與意義的相似之處。他的劇作始終思考的問題是，意義究竟是內在的還是相對的。畢竟，他生活的時代正處於從信仰前者轉向相信後者的歷史轉折點；而他的戲劇把這個重大的轉型，與由市場力量所創造的從「內在」價值轉向「交換價值」的經濟轉型聯繫了起來。[6]

5　朱生豪譯文。——譯注

6　更詳細的討論參見拙著《威廉·莎士比亞》（牛津，1986）。

「內在主義」與「建構主義」之爭早在伊麗莎白時代以前就發生了。弗蘭克·法雷爾(Frank Farrell)在他頗具啟發性的研究中，將其追溯至中世紀晚期天主教與新教的神學論爭。[7] 問題是，如果上帝是全知全能的，這個世界就不可能有內在的或本質的意義，因為這些意義必然會限制上帝的自由行動。創造物不可能被容許反抗創造者。它不能擁有心靈和自主性。所以，保存上帝的自由與全能的唯一辦法，看起來只能是抽空這個世界的內在意義。對於某些新教思想家來說，現實相應地也必須被稀釋，剝除托馬斯·阿奎那等天主教神學家曾賦予它的厚度。現實必須極度不確定，這樣才能被造物主隨心所欲地按他的設想來塑造成任何形狀。他不再需要尊重事實，比如女人就是女人，因為只要他想，他可以輕易地把女人變得像一隻刺蝟。正如後現代主義所認為的，這個世界變成了一場巨大的整容手術。

於是，必須消除本質，即那種認為包括人類在內的萬事萬物均具有確定性質的觀念。如果本質繼續存在，它們就會妨礙上帝的超能力。認為存在確定本質的「唯實論者」，與認為本質只是語言虛構的「唯名論者」勢不兩立。因此這類新教主義是反本質主義的先行者。就像當今的某種反本質主義一樣，它與一種

7　參見弗蘭克·法雷爾，《主體性、現實主義與後現代主義》(劍橋，1996)。

唯意志論，或者說意志崇拜關係密切。一旦確定的性質消失，上帝的專斷意志最終將暢通無阻地盛行。事物的存在原因將歸諸他的旨意，而非事物本身。後現代主義不過是用人類替換了上帝的位置。現實不是自在地存在，而是由我們所建構。

唯意志論者認為，酷刑之所以在道德上是錯誤的，是由上帝的意志決定的，而不是因為酷刑本身是錯的。事實上，沒有什麼事物本身是對或是錯。事物本身無所謂對錯。上帝本可以輕易地決定，不對彼此施加酷刑是一種應加懲罰的過錯。他作出的決定無須理由，因為理由將阻礙他行動的絕對自由。因此，反本質主義與非理性主義密切相關。上帝就像所有的暴君一樣，是無政府主義者，不受法律和理性的制約。祂是祂自己的法律和理性的來源，這些法律和理性都服務於祂的權力。酷刑如果符合祂的目的，完全可以得到允許。——我們不難辨別這些學說在當今政治世界的繼承者們。

然而，消除現實世界的本質還不一定能夠為任性的意志清除所有障礙。因為，如果清除本質的時候，把自我也一道清除了呢？如果自我也沒有確定性質，它的意志和能動作用就將遭到致命打擊。它獲得最終勝利之時，自身也被清空了。人生沒有既定意義，這個消息既令人振奮，又令人驚恐。個體自我現在代替了上帝的角色，成為至高的立法者；然而，像上帝一

樣，他似乎是在一片虛空之中立法。它的法令的每一點都如同神的命令一般隨意而沒有目的。在道德領域，這有時採取的是被稱為「決斷論」的形式：殺嬰之所以錯誤，是因為我，或者我們，作出了某個根本性的道德決斷去禁止這種行為。正如尼采所說：「真正的哲學家⋯⋯是指揮官和立法者：他們說，就這麼辦！」[8] 自我孤獨地存在着，但卻取得了勝利，在這個內在意義已經被消除的世界裏，它現在是意義和價值的唯一來源。然而，這種無意義似乎也入侵了它自己的密室。就像上帝一樣，它可以隨意在宇宙的白板上刻寫意義；但由於現在沒有客觀的理由決定它如何刻寫，這種自由變得漫無目的，成了自我消耗。人類本身變成了一椿荒唐事。

新教徒的自我不再屬於這個世界。兩者之間不再有既定的聯繫。現實本質上沒有意義，所以自我無法在現實中找到反映，現實與自我成了兩種完全不同的東西。因此不久之後，自我彷彿漂流至荒野之地，開始懷疑起自身存在，失去了自身之外任何可以證明自己身份的東西。「人」是現實世界中意義的唯一來源；但這個世界已經關閉了獲得意義的大門，使其變得隨心所欲又沒有根基。而由於事物沒有任何意義（sense）或邏輯，它們也就沒有任何可預測性。這就是

8　尼采，《善惡的彼岸》，載於瓦爾特·考夫曼編，《尼采主要作品選》（紐約，1968），第326頁。

為什麼新教徒的自我在隨機力量的黑暗世界裏膽怯地走動，內心縈繞着一個隱匿的上帝，不知道自己是否會得到救贖。

當然，所有這些同時也是一次巨大的解放。不再只有一種唯一有效的解讀現實的方式。牧師不再獨掌意義天國的鑰匙。闡釋的自由變得可能。所有人不再臣服於上帝賦予這個世界的預定意義。在宇宙的神聖文本上，物質元素是精神真理的象徵，現在這個文本已逐漸讓位於世俗的文本。現實被剝除了預製的意義，現在可以根據人類的需要和慾望來理解了。原來固定的意義變得更加靈活，並能以新的想像形式重組。有象徵意味的是，發明闡釋學或者叫「解釋學」的是一位名叫弗里德里希·施萊爾馬赫（Friedrich Schleiermacher）的新教牧師。甚至可以論證，這種新的看待世界的方式可以在《聖經》中找到充分的根據。《創世記》第2：19節寫道：「耶和華神用土所造成的野地各樣走獸和空中各樣飛鳥都帶到那人面前，看他叫什麼。那人怎樣叫各樣的活物，那就是它的名字。」命名行為在猶太文化中一直是一種創造性或表演性的活動，所以，這表明人類乃是意義的來源，而耶和華是一切存在者的來源。上帝創造了動物，把它們呈現給人類，然後它們就成了他創造的材料。

孤獨的新教精神膽怯地在黑暗中摸索，這會是為那些相信人生由自己創造的人感到憂慮的原因嗎？既

是又否。否，因為創造自己的人生的意義，而不是期待意義被預先給定，這是一個非常令人信服的主意。是，因為這應該是一個清醒的警告：人生的意義不是自己能夠隨心所欲創造的。它並不能免除你的一項責任，即在常識之下證明任何使你的人生有意義的東西的合理性。你不能只是說：「我個人認為我的人生意義在於讓睡鼠窒息而死」，然後就這樣敷衍過去。

這也不是無中生有式的創造過程。人類可以自我決斷——但只能建立在更深刻的對自然、現實世界的依賴以及人類相互依賴的基礎之上。我為自己的人生所創造的任何意義，都在內部受制於這一依賴關係。我們無法從零開始。這不像尼采所想像的那樣，是一個清除上帝賦予的意義，然後鑄造我們自己的意義的問題。因為，無論身處何方，我們都已經深陷於意義之中。我們被編織進他人的意義網絡——我們不曾選擇過那些意義，但它們卻提供了一個母體，我們可以在其中理解自我與世界。在這個意義上，即使不是在所有意義上，「我能決定自己的人生意義」這種觀念乃是一種錯覺。

但是，不單單是別人的人生意義會限制我的人生意義。我的人生意義還受制於我的存在特徵，這些特徵來自於我作為自然物種的一員的身份，並且在我的身體的物質本質中表現得最明顯。我應該一天三次，每次徒步跳躍三十英尺——這可不是我的人生意義的

一部分。任何有意義的人生計劃若要可行，必須將親屬關係、社會關係、性特徵、死亡、玩樂、哀愁、歡笑、疾病、勞動、交際等現實因素考慮在內。的確，人類生活的這些共通方面在不同文化中的踐行方式差異很大；但同樣值得強調的是，這些是任何個體存在過程中的重要組成部分。私人生活的許多關鍵特徵根本不是私人性質的。單憑我們是物質性的動物這個事實，我們的許多方面，不止是獲得理性的方式，就已經被決定了。因為，我們的推理方式與我們的動物性有密切關係。[9] 維特根斯坦評論說，即使一隻獅子會說話，我們也根本無法理解它的言語──或許，當他這麼說時，他心裏所想的部分地就是這個意思。除非人生的意義包括我的肉體和我的物種屬性，否則就不能說它包括我。我們將在下一章詳述箇中意味。

9   參見阿拉斯戴爾‧麥金太爾，《互相依賴的理性動物》（倫敦，1998）。

第四章
人生是你創造的嗎？

　　我們在前面幾章關注得更多的是意義，而不是人生。然而，「人生」這個詞就像「意義」一樣問題多多，原因不難得知。我們之所以無法討論人生的意義，真的是因為不存在「人生」這種東西嗎？正如維特根斯坦會說的，我們不正是被自己的語法所迷惑，像創造「蕃茄」這個詞一樣，創造了單數形式的「人生」這個詞嗎？也許，我們之所以會有「人生」這個詞，僅僅是因為我們的語言本質上具有把抽象概念具體化的作用。正如維特根斯坦所說，「本質是由語法來表達的」。[1] 說到底，人的一生經歷無數事情，從分娩到跳木屐舞，這些怎麼能匯總成一個單一的意義呢？每樣事物都應該不祥地與其他事物有共鳴，構成一個極端明晰的總體，這不正是妄想症的幻覺嗎？或者如果你願意的話，也可以說是哲學的幻覺，借用弗洛伊德的詼諧評論來說，是最接近妄想症的東西？甚至單個人的人生也構不成一個統一總體。誠然，有人

1　維特根斯坦，《哲學研究》，G.E.M.安斯康姆譯（牛津，1963），第371節。

把自己的一生看做一個有頭有尾的精彩故事，但並非所有人都這麼想。那麼，如果連一個人的人生都做不到，千千萬萬的人生加起來怎麼能構成一個連貫的總體呢？人生確實沒有足夠的條理，甚至連一個謎都構不成。

「人生的意義」滿可以表示「意義總和」，而分娩和跳木屐舞則被認為是一個單一的、有意義的總體的各個方面。即使是外觀最美、渾然一體的藝術作品也做不到這一點。即使是最宏大的歷史敘事，也不會認為自己能絕對地理解一切事物。馬克思主義無法解釋靈貓那發出肛門臭味的腺，而馬克思主義並不認為這是它的一個缺陷。關於西約克郡的瀑布，佛教沒有任何官方立場。要人生的每件事都構成一個連貫模式的一部分，這極不可能。那麼，換做大部分事情呢？或者，「人生的意義」表示的是「人生的本質意義」——不是囊括進一切，而是歸結出要點？例如「人生的意義是受苦」這樣一個陳述，並不是說受苦是人生的全部，或是人生的關鍵、目標，而是說它是人生最重要、最基本的特徵。照這麼說，我們只要沿着這條線索追溯人生，就可以領悟那整個令人困惑的設計。

那麼，是否存在一種叫做「人生」的現象，可以充當某種連貫意義的承擔者呢？人們有時當然會用這樣寬泛的詞語來談論人生。人生是一縷煙塵、一個娼

妓、一場歌舞、一溪淚水或一床玫瑰。這些在商店裏陳列已久的舊標籤不足以支撐我們的立論。然而，就此認為所有關於人生的元陳述(meta-statements)都是空洞的，這本身就是一種空洞的觀點。只有實在的、具體的真理才具有力量——這種觀點是錯誤的。例如這樣一個概括：歷史上的大多數人都一事無成、不幸而艱辛，這種概括怎麼樣？它當然比下面這個命題更令人不安：特拉華州的大多數人過着一事無成、不幸而艱辛的生活。

也許，我們不可能高明地概括出人生的意義，因為我們必須跳出人生之外才能看清它。這就像我們無法跳出自己的皮囊審視自己。只有完全超脫人類存在，比如上帝，才能以全局的眼光考察人生，看它是否說得通？[2] 這接近尼采在《偶像的黃昏》中的論點，他說我們不能判定人生本身有價值或無價值，因為我們所遵循的判斷標準本身也屬於人生的一部分。但是，這無疑經不起推敲。你不必完全跳出人類存在才能評價它，就像你不必跑到新西蘭才能整體性地批評英國社會一樣。誠然，沒有人曾真正看到過英國社會的整個面貌，正如沒有人看過童子軍運動的全貌；可

2　約翰·科廷漢在《論人生的意義》(倫敦，2003)中似乎支持這個論點，並在論證時引用了維持根斯坦的《邏輯哲學論》。然而，按維特根斯坦在《邏輯哲學論》中的觀點，不僅人生的意義處於可知事物的範圍之外，主觀性本身也是。

是，我們可以依照自己熟知的現實部分作出合理的推論，來判斷那些我們不熟悉的部分。這不是要觀察全貌，而是要觀察到足夠多的部分，能夠辨析其典型特徵便可。

關於人性的概括如果有效，其中一個原因是，人類同屬於一個自然物種，很大程度上具有共通性。這麼說不是要忽視人類在政治上激增的差異和對比極具政治能量。但是，那些後現代思想家被差異所迷惑，無論走到哪兒都一成不變地見到差異，他們不應該忽視我們的共通特徵。人類內部的差異極其重要，但這些差異還不足以充當建立倫理和政治的基礎。

另外，即使一個人在公元1500年無法描述「人類境況」，他肯定可以在2000年時做到。那些對此觀點心存反感的人看起來沒聽說過全球化。正是跨國資本主義幫助人類成為一個整體。我們目前至少具備的共同點，是面對各種威脅人類生存時的求生意志。從一種意義上說，那些否認人類境況的現實的人，也會否認全球變暖這一事實。沒有什麼能比物種滅絕的危險更能團結該物種的全體成員。至少，面對死亡時，我們會走到一起。

如果人生的意義在於人類的共同目標，這個問題似乎就不難解答了。我們每個人追求的都是幸福。誠然，「幸福」是一個難以說服人的詞語，像「假日野營」似的，讓人聯想起穿着花衣服狂歡作樂的場景。

但正如亞里士多德在他的《尼各馬可倫理學》中所說，幸福充當了人生的一種基礎，因為你不能問我們為什麼要追求幸福。它不像金錢或權力一樣是追求其他東西的手段。它更像是希望得到尊重。想要幸福，這似乎是我們人性的一部分。這裏關係到某種基礎性的條件。而問題在於，幸福這個概念太缺乏確定性。幸福似乎既重要，又空洞。什麼能算做幸福呢？如果你恐嚇老太太而感到幸福，這算幸福嗎？一個決心成為演員的人可能一貧如洗，但還要花費無數個小時試鏡，卻徒勞無功。大部分時間她心情焦躁、低落，有時還要挨餓。她不是那種我們通常稱之為幸福的人。她的人生沒有歡樂。但可以這麼說：她準備通過犧牲自己的幸福來追求幸福。

幸福有時被看做一種心理狀態。但亞里士多德並不這麼想。我們通常用「福祉」（well-being）來翻譯他對幸福的叫法，而福祉是一種我們所說的靈魂的狀態，對亞里士多德而言，福祉不僅包括存在者的內在狀態，還包括人的行為傾向。正如維特根斯坦所說，心靈的最佳形象是身體。如果你想觀察一個人的「精神」，就去看他的做事方式。在亞里士多德看來，幸福是通過美德實現的，美德首先是一種社會實踐，而不是一種心靈態度。幸福是實際的生活方式的一部分，不是某種私密的內在滿足。按照這種理論，雖然你無法用二元論的模式來觀察人類，但你可以觀察某

圖9　希臘哲學家亞里士多德的雕像

　人生的意義

人的行為一段時間，然後宣佈「他是幸福的！」並且，那個人不必非得滿面笑容或手舞足蹈。

朱立安‧巴吉尼(Julian Baggini)在他的《一切都是為了什麼？》（*What's It All About?*）一書中關於幸福的討論完全沒能注意到這一點。他為了表明幸福不是人生的全部內容和目的，舉了一個例子說，如果你準備開始追求幸福，然後看到有人陷入了流沙，這時候去救他們要比追求你的個人願望更為妥當。[3]「準備開始追求幸福」這種話當然很誘人：首先，這讓幸福聽起來像是一項私人事業，其次它讓幸福聽起來像是去城裏逍遙一個晚上似的。實際上，這會讓幸福聽起來更像是快樂：從流沙裏救人可不算數，因為沒什麼樂趣。事實上，巴吉尼就像是大多數道德哲學家一樣，在他書中的另一處說快樂是一種無法持久的情緒，理想的幸福則是一種存在的持久狀態。你可能體驗到強烈的快樂，卻沒有一絲幸福；正如你似乎可以出於某種可疑的理由(例如恐嚇老太太)感到快樂，你也可以享受些道德敗壞的快樂，例如通過虐待敵囚取樂。

有一條顯而易見的論點可以反駁巴吉尼的例子。從流沙中救人難道不能算做個人幸福的一部分，而不是出於履行義務？只有那些沿着快樂的思路而不是亞里士多德的福祉觀來思考幸福的人，才會認為這一點含糊不清。在亞里士多德看來，幸福與對美德的實

3　朱立安‧巴吉尼，《一切都是為了什麼？》（倫敦，2004），第97頁。

踐密切相關；儘管他沒有談及從流沙中救人，但是，對於他思想的偉大繼承者、基督教哲學家托馬斯‧阿奎那而言，這當然也算是福祉的表現。阿奎那認為，這是愛的例證，而愛在根本上與幸福沒有衝突。這不是說，在亞里士多德眼中幸福和快樂是簡單的二元對立。相反，在他看來，具有美德的人就是那些從做好事當中獲得快樂的人，那些沒有從做正派的事當中感到快樂的人不是真正具有美德的人。不過，遲鈍的快樂或暴君式的放蕩快樂肯定是與幸福相對立的。

巴吉尼與亞里士多德相悖的幸福觀還體現在他借自哲學家羅伯特‧諾齊克(Robert Nozick)的一個場景中。假設你被塞進一個機器，類似電影《黑客帝國》(*Matrix*)中的超級計算機，它可以讓你模擬體驗到完全的、連續不斷的幸福。大多數人難道不會因其非現實性而拒絕這一頗具誘惑的至樂嗎？我們難道不想誠實地過自己的生活，沒有欺騙，意識到是自己在做主，是我們自己的努力而不是由某些精心營造的裝置來滿足我們的願望？巴吉尼相信，大多數人真的會基於這些理由而拒絕這台幸福機器。他的想法當然沒錯。但他提供給我們的幸福觀念再一次與亞里士多德相悖。它是一種心緒或意識狀態，而不是生活方式。實際上，它正是亞里士多德可能無法理解的，或至少會反對的那種現代的幸福觀。在他看來，你不可能一輩子坐在一台機器裏體驗到幸福——這不單是因為你

的體驗是模擬的而非真實的，還因為福祉包含一種實踐的、交往的生活形式。亞里士多德認為幸福不是可能實施某些行動的內在傾向，而是創造心理傾向的行為方式。

在亞里士多德眼中，你一輩子坐在機器裏不會真正感到幸福的原因，與你因為離不開輪椅或人工呼吸器而不會感到完全幸福的原因大致相同。當然，不是說殘疾人就體驗不到其他人自我實現的珍貴感覺；只是說，身體有障礙表明一個人無法實施某些力量和能力。按照亞里士多德的專家式定義，這些力量和能力的實施是一個人幸福或福祉的一部分。殘疾人還可以充分體驗到其他的「幸福」感。即使如此，與維多利亞時期否認窮人多半活得艱辛一樣，作為一種道德上的虛偽，現在也時興拐彎抹角地否認殘疾人真有殘疾。這是一種自欺欺人，在虛弱令人尷尬、成功無所不能的美國，這種自欺欺人表現得尤為明顯。它屬於西方文化的一個普遍特點，即不承認那些令人不快的真相，迫切想要把苦難掃到地毯下面。

為他人犧牲自己的幸福，這可能是我們所能想到的道德上最高尚的行為。但這並不意味着，這種行為是最典型的，甚至是人們最希望獲得的愛。之所以不是人們最希望獲得的愛，因為這種行為一開始便是不得不做的事情；之所以不是最典型的愛，因為正如我即將論證的，最典型的愛包含着最大限度的互惠互

助。一個人可以愛她的小嬰兒愛到樂意為他/她們去死的程度；但由於完整的愛也是嬰兒將要習得的品質，所以，你和他/她們之間的愛無法成為人間之愛的原型，就像一個人與她忠誠的老管家之間不那麼親密的感情也不能算做人間之愛的原型一樣。在這兩種狀況下，雙方關係都不夠平等。

於是，對亞里士多德來說，幸福或福祉包括着對人的某些典型才能的創造性實現。你做出多少事情，就有多少才能。它不能在孤立的條件下實現，這一點與對快樂的追求不同。亞里士多德意義上的美德大部分是社會性的。「實現自我」這一概念有點兒陽剛、臉紅的意味，好像我們在說某種精神體操似的。實際上，亞里士多德腦中擁有「高尚靈魂」的道德原型大致是這樣的：一位富有的雅典紳士，他沒有接觸過失敗、損失和悲劇——有趣的是，亞里士多德卻創作了世界上最偉大的悲劇論著之一。亞里士多德意義上的好人聽起來更像是比爾・蓋茨（Bill Gates），而不是阿西西的聖芳濟各（St Francis of Assisi）。誠然，他關心的不是作為這種或那種人——例如商人或政治家——而成功，而是要作為人而成功。在亞里士多德看來，「成為人」是我們必須掌握的能力，擁有美德的人必然善於生活。即使是這樣，這種幸福論仍然是有缺陷的，因為「幸福的女人」這個觀念就明確地與這一理論相矛盾。「幸福的失敗」這個觀念亦然。

不過，在馬克思這位處於亞里士多德譜系中的道德哲學家看來，實現自我還包括，比如，欣賞弦樂四重奏或者品嘗桃子。也許「滿足自我」要比「實現自我」更少一些艱苦的意味。幸福是一個關於自我滿足的問題，不可混同於童子軍或愛丁堡公爵把人生看做一系列需要跨越的障礙和需要藏在綬帶下的成就的意識。成就是在整個人生的質量語境下獲得意義的，而不是(如把人生當做登山的意識)作為一系列孤立的成就高峰獲得意義。

大致說來，人們要麼感覺良好，要麼感覺不好，並且他們自己通常會察覺到。無疑，一個人在這裏無法驅除所謂的虛假意識的影響。一個奴隸可能被騙相信他自己生活在天堂般的滿足感之中，而他的實際行為卻流露出自己並非如此。我們有充足的資源把自己的苦難加以合理化。但比方說，有驚人的92%比例的愛爾蘭人告訴問卷調查者他們感到幸福，我們只好相信他們。愛爾蘭人的確有着對陌生人的友善傳統，所以，也許他們宣稱自己幸福的原因只是想讓調查者感到幸福。但是，沒有真正的理由不去認真對待他們的話。在實踐的幸福或亞里士多德意義上的幸福中，自我欺騙的危險性更大。因為，你怎麼能知道自己過的生活符合德性呢？也許一位朋友或觀察家是比你自己更可靠的裁判。實際上，亞里士多德撰寫倫理學著作的部分原因，正是要糾正人們的幸福觀。他也許認

為，在這個問題上存在許多虛假意識。否則，我們就很難理解他為什麼要推薦一個所有人在任何情況下都應該追求的目標。

如果幸福是一種心理狀態，它可能就會受制於具體的物質條件。你也可以說自己無視這些條件而感到幸福，這接近於斯賓諾莎或古代的斯多葛派的狀態。然而，如果你生活在一個骯髒又擁擠的難民營裏面，並且剛剛在一次自然災害中失去了孩子，你基本上不可能感到幸福。按照亞里士多德的幸福觀，這更為顯而易見。你不可能變得勇敢、高尚和寬厚，除非你作為一個自由的主體生活在培育這些美德的政治環境中。這就是亞里士多德認為倫理學和政治學具有密切關聯的原因。好的生活要求有一種特定的政治狀態——在他看來，就是要有奴隸和順從的女人，他們做牛做馬，你忙着去追尋高尚的人生。幸福或福祉事關制度：它需要一種社會政治條件，能讓你自由地發揮自己的創造性能力。如果你按照自由主義的傾向，把幸福當做一種內在的或個人的事務，這一點就不那麼明顯了。幸福作為一種心理狀態也許需要一個不受干擾的環境，但它對政治環境沒有特定要求。

這麼說，幸福也許可以充當人生的意義，但並不那麼一目了然。例如，我們看到，有人會宣稱幸福來自於行事卑鄙。他們甚至可能變態地說幸福來自於不幸福，例如「他抱怨的時候最幸福」。換言之，受虐

傾向總是存在。只要卑鄙的行為繼續下去，一個人的生活就可能在形式上具有意義，即有條有理、前後連貫、細緻規劃、充滿明確的目標，但在道德方面卻不值一提甚至惡劣不堪。兩者甚至可以聯繫在一起，例如心靈枯萎的官僚綜合症。當然，除了幸福，人生的意義還有其他選項：權力、愛、榮譽、真理、快樂、自由、理性、自主、國家、民族、上帝、自我犧牲、沉思、皈依自然、最大多數人的最大幸福、自我克制、死亡、慾望、世俗成就、周圍人的尊敬、獲得盡量多的強烈體驗、好好地笑一場，等等。理論上也許並非總是如此，但實際上對大多數人來說，人生是因為身邊最親密的人，例如伴侶和孩子，才變得有意義的。

以上選項中有許多會被人認為過於瑣碎，或過於工具性，無法構成人生的意義。權力和財富明顯屬於工具性的範疇；而任何工具性的事物都不具有人生的意義看起來所要求的那種根本特質，因為這些事物之所以存在，是為了比它更為根本的東西。這並不必然地把工具性和次要性等同起來：自由，至少按照某些人的定義，就是工具性的，但大多數人都同意自由非常珍貴。

那麼，說權力能構成人生的意義，看來就很可疑了。自然，它是一種珍貴的資源，沒有權力的人都領教過。就像財富一樣，只有那些擁有很多這一資源的人才有能力鄙視它。任何事物都得看誰在實施它、為

了什麼目的、在什麼樣的條件下。但與財富一樣，權力也不是目的——除非你採用尼采意義上的「權力」，則權力更接近「實現自我」而不是控制別人。(這不是說尼采對過分的強制力不反感。)在尼采的思想中，「權力意志」表示所有事物都傾向於實現、擴張和增殖自我；我們有理由把這種傾向本身當做目的，就像亞里士多德把人的發展本身當做目的一樣。斯賓諾莎對權力持有大體同樣的看法。只是，在尼采關於生命的社會達爾文主義理論中，權力的這種無限增長的過程也包含作為控制力的權力，每一種生命形式都在努力征服其他生命形式。那些把作為控制力的權力本身當做目的的人，應該想想醜陋而怪異的英國報業巨頭羅伯特·馬克斯維爾(Robert Maxwell)，那個騙子加流氓，他的身體就是他靈魂的可憎寫照。

至於財富，我們生活在這樣一個文明當中，這種文明否認財富是自身的目的，並且在實際上也正是以這一態度對待財富的。對資本主義最有力的控訴之一是，它驅使我們把大部分創造性能量投入到純粹功利性的事物中。人生的手段成了目的。人生成了為生活奠定物質基礎的活動。令人震驚的是，人生的物質組織活動在21世紀和在石器時代竟然同樣重要。本該用於在某種程度上將人類從勞動的迫切需求當中解放出來的資本，現在卻被用來積累更多的資本。

如果人生的意義問題在這種境況下顯得頗為急

圖10　令人生畏的收割者，「巨蟒」喜劇小組的電影《人生的意義》劇照

迫，首先是因為這整個的積累過程在根本上漫無目的，就像叔本華筆下的意志一樣。資本和意志一樣擁有自己的動力，主要為自己而存在，把人當做實現自己盲目發展的工具。它還擁有意志的某些卑劣的詭計，向那些被它當工具使喚的男男女女鼓吹說他們是珍貴的、獨特的、自主的。如果說叔本華把這種欺騙行為稱做「意識」，馬克思則稱之為意識形態。弗洛伊德一開始相信人生的意義是慾望，或者是我們清醒時的無意識的詭計，後來覺得人生的意義是死亡。但這種說法可以表示多種含義。對弗洛伊德本人來說，這表示我們最終都屈服於「Thanatos」，即死亡驅力。但也可以表示，人生若不包含人們沒有準備好為之赴死的東西，這種人生就不可能富有成就。或者可以表示，懷着人必有一死的意識生活，就是在懷着現實主義、反諷、誠實以及對自我有限性和脆弱性懷着磨煉意識而生活。至少從這個方面看，真實地把握我們最動物性的特徵而生活，即是本真的生活。我們就不會那麼想要發動狂妄的念頭，給我們自己和其他人帶來不幸。對我們自己不會赴死的無意識信任，是我們大部分毀滅能力的根源。

一旦警醒地意識到事物的易逝性，我們就會謹防神經質般地把它們攬入懷中。通過這種不偏不倚的態度，我們能夠更好地看清事物原貌，並更充分地享受它們。在這個意義上，死亡提升和加強了生命，而不

是取消它的價值。這不是什麼及時行樂的藥方，而是恰恰相反。抓住當下，有花堪折直須折，今朝有酒今朝醉，活得像活不過今天似的——這些瘋狂享樂乃是一種試圖勝過死亡的絕望策略，一種盲目地想要欺騙死亡，而不是借助死亡來創造意義的策略。這種策略通過狂熱的享樂主義向它所蔑視的死亡低下了頭。它雖然使盡渾身解數，但仍是一種悲觀的觀念，而接受死亡則是實事求是的態度。

另外，意識到自身的局限，也即意識到我們與其他人互相依賴、互相束縛的方式。死亡把局限丟給我們，給我們帶來無情的寬慰。當聖保羅說我們每一刻都在死去，他的部分想法也許是，我們只有將自我與他人的需要結合起來，才能活得很好，這是一種「小死亡」，即法國人所說的「petit mort」。我們通過這種方式排練和預演最終的自我否定，即死亡。這樣，死亡作為一種自我不斷消逝的過程，乃是好的人生的源泉。如果這聽起來過於軟弱謙卑、自我否定，讓人不舒服，那麼，這僅僅是因為我們忘了如果別人也和我們採取同樣做法的話，結果將形成互惠互利的局面，為每一個人的充分發展提供環境。這種互惠互利的傳統名稱叫做「愛」。

然而，從字面意義上講，我們也是每一分鐘都在死亡。人生伴隨着持續的否定，我們取消一種境況，然後進入另一種境況。這個永恒的自我超越過程叫做

歷史，只有擁有語言能力的動物才能做到這一點。然而，從精神分析方面來講，它的名稱叫做慾望，這就是慾望能夠充當人生意義選項的原因之一。但凡有東西缺失，慾望就會湧上來。慾望與匱乏有關，它把當下掏空，以便把我們送到某個同樣掏空的未來。在某種意義上，死亡與慾望互為敵手，因為如果我們停止慾望，歷史就會停滯下來。在另一種意義上，作為弗洛伊德眼中的生命源動力的慾望，通過其內在的匱乏反映了每個人都無法避免的死亡。在這個意義上，同樣，人生即是對死亡的預期。我們只有心懷死亡才能活下去。

　　如果死亡充當人生的意義過於令人沮喪，慾望則過於狂熱，那麼精神上的沉思呢？從柏拉圖和斯賓諾莎，到新保守主義的權威列奧·施特勞斯（Leo Strauss），把反思存在的真理當做人類最高尚的目標，這種想法頗具誘惑力——不消多說，特別是對於知識分子來說。只需每天鑽進自己的大學辦公室，便已經鑽研出宇宙的意義，這感覺聽上去不錯。這就好比被問及人生的意義時，裁縫回答「一條真正好看的褲子」，農民則回答「一次好收成」。甚至亞里士多德也認為這是最高意義上的滿足形式，雖然他的興趣全部投入在人生的實踐形式上。可是，認為人生的意義在於思考人生的意義，這聽上去有點同義反復。這種觀點還預設了人生的意義是某種命題，比如「自我是

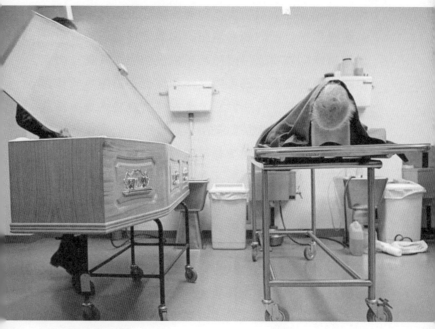

圖11　出發到永恒

一種幻覺」或「萬物皆由粗麵粉構成」。一小部分精英智者，把自己的生命奉獻給了對這些問題的沉思，他們也許足夠幸運，能碰巧摸索出問題的某種真相。亞里士多德的看法則不儘然，他覺得這種沉思，或者說「the ria」，本身便是一種實踐；但它又是一種危險，這種情形通常會招致的危險。

不過，如果人生確實有意義，那個意義肯定不是這種沉思性的。人生的意義與其說是一個命題，不如說是一種實踐。它不是深奧的真理，而是某種生活形式。它本身只能在生活中真正為人所知曉。也許，這就是維特根斯坦在《邏輯哲學論》中說下面這段話時心中所想的：「我們感覺，即使所有可能存在的科學問題都解答完了，諸多人生問題還是完全沒有觸及。當然，那時世界上就沒有問題了，這就是答案。從這個問題的消失中，能看出人生問題的答案。」（6.52，6.251）

我們能從這些令人費解的話當中領悟些什麼呢？維特根斯坦的意思大概不是說人生的意義是一個偽問題，而是說，在哲學範圍內這是一個偽問題。維特根斯坦對哲學並無多少敬意，他撰寫《邏輯哲學論》的目的便是要終結哲學。他認為，所有的重大問題都處於哲學的嚴格界限之外。人生的意義無法以確鑿命題的形式來言說；而對早期的維特根斯坦來說，只有這類確鑿的命題才具有意義。當我們意識到人生的意義

不可能成為某個在哲學上有意義的問題的答案時，我們便窺見了一絲人生意義。它絕不是什麼「解答」。一旦我們認識到它超越所有這些問題，我們便知道，這就是我們的答案。

本書前面所引用的維特根斯坦的話——「令人費解的不是這個世界的樣貌如何，而是這個世界存在着這一事實」——也許指的是，我們可以討論世界上這種或那種事態，但無法討論作為一個整體的世界的價值或意義。這不是說維特根斯坦把這些討論當做無意義的話丟在一邊，那是邏輯實證主義者的做法。相反，他認為，這些討論要比討論實際的事態更加重要。只是說，語言無法描述作為整體的世界。但是，儘管作為整體的世界的價值和意義不能被陳述出來，它們卻能被展現出來。有一種相反的方法是，展現哲學無法說出來的那些東西。

人生的意義不是對某個問題的解答，而是關乎以某種方式生活。它不是形而上的，而是倫理性的。它並不脫離生活，相反，它使生命值得度過——也就是說，它使人生具有一種品質、深度、豐富性和強度。在這個意義上，從某種角度看人生的意義便是人生本身。執著於人生的意義的人們通常會對這種說法感到失望，因為它通常不夠神秘和華麗。它看起來太老套、太通俗。只不過比「42」給人的啟迪稍微多些。或者，實際上是比T恤衫上印的「如果霍基——科基

舞是意義的全部呢？」給人的啟迪更多些。它把人生的意義問題從行家或專家的小圈子手中奪回來，放回日常生存的平常事務當中。這正是馬太在他的福音中所創立的突降法，他在福音書中呈現了人之子在末日審判之際由天使簇擁着充滿榮光地返回的場景。儘管有這個現成的宇宙意象，救贖最終呈現出來的面貌卻異常平庸——為饑民提供食物、為口渴的人提供飲用水、歡迎陌生的外來者、慰問因犯。這沒有任何「宗教」魅力或氣息。隨便什麼人都能做。宇宙的關鍵原來不是什麼令人震驚的啟示，而是許多正直的人都能做到的事，根本不用多想。永恒並不在一粒沙當中，而是在於一杯水之中。[4] 宇宙以撫慰疾患為中心。這麼做的時候，你就在分享那鑄就滿天繁星的愛。按照這種方式度日，不僅是在擁有生活，而且是擁有豐富的生活。

這種行為叫做「agapē」，即愛，它與情慾甚至是柔情無關。愛的律令完全是非個人的：這種愛的原型是對陌生人的愛，而不是去愛那些你欲求或欣賞的人。它是一種生活實踐或生活方式，而不是心理狀態。它無關溫暖的熱情或私密的溫存。那麼，人生的意義是愛嗎？許多敏銳的觀察家，尤其是藝術家，無疑認為這是最佳的答案。愛像幸福一樣，是某種基

4　此處暗指威廉·布萊克的名句「一花一世界，一沙一天國」(to see a world in a grain of sand, and a heaven in a wild flower)。——譯注

礎，可以充當自身的目的。愛和幸福大約都屬於我們的本性。很難解釋你為什麼要費心把飲用水遞給口渴的人，尤其是在你知道他們將在幾分鐘內死去的時候。

不過，這兩種價值在其他一些方面也存在衝突。有些人一輩子照料嚴重殘疾的孩子，為了他們的愛而犧牲了自己的幸福，儘管這種犧牲也是以(孩子的)幸福的名義。為正義而鬥爭，是愛的一種表現形式，但這會給你帶來死亡的危險。愛是一件令人勞累和沮喪的事，充滿掙扎與挫折，而不是笑嘻嘻的、傻頭傻腦的滿足感。不過，我們仍然可以說，愛與幸福最終可以歸結為對同一種生活方式的不同描述。其中一個原因是，幸福實際上不是某種笑嘻嘻的、傻頭傻腦的滿足感，而是(至少對亞里士多德來說)福祉的條件，福祉來自於個人力量和能力的自由發展。可以說，從關聯的角度來看，愛也是福祉的條件——在此狀態下，一個人的發展來源於其他人的發展。

我們該如何理解愛的這一定義，遙遠得如同既來自卡圖盧斯[5]又來自凱瑟琳·庫克森[6]？首先，我們可以回到早先的想法，即人生具有內在意義的可能性，

5　加伊烏斯·瓦列留斯·卡圖盧斯(Catullus，約前87–約前54)，古羅馬詩人，主要以愛情詩聞名。——譯注

6　凱瑟琳·庫克森(Catherine Cookson，1906–1998)，英國現代女作家。——譯注

並不依賴於對某種超驗力量的信仰。人類進化是隨機的意外事件，這很有可能，但它並不一定表示人類就不具有某種特定的本性。也許，好的人生便是要實現這一本性。蜜蜂的進化也是隨機的，但我們當然可以說蜜蜂具有一種確定的本性。蜜蜂做蜜蜂的事情。在人類身上，則較難分辨這一點，因為人類不像蜜蜂，我們在本性上是文化動物，而文化動物具有高度的不確定性。即使是這樣，我們似乎仍可以明顯看到，文化並未簡單地取消我們的「物種存在」，或者說物質本性。例如，我們在本性上是社會性的動物，必須合作生活，否則就會死掉；但我們也是個體性的存在，各自尋求各自的實現。個體化是我們物種存在的一項活動，而不是一項與之衝突的條件。比如，若不是由於語言，我們無法達到個體化，而語言之所以屬於我，僅僅是因為語言首先屬於整個物種。

我們稱為「愛」的東西，即我們調和個體實現與社會性動物之本性的方式。因為，愛表示為別人創造發展的空間，同時，別人也為你這麼做。每個人自我的實現，成為他人的實現的基礎。一旦以這種方式意識到我們的本性，我們便處於最好的狀態。部分原因是，以允許他人同樣實現自我的方式實現自我，這可以排除謀殺、剝削、酷刑、自私等因素。我們如果損害他人，長遠地看也就是損害自我的實現，因為自我的實現必須依靠他人的自由參與。由於不平等的個體

之間不可能有真正的互惠互利，以長遠的眼光來看，壓迫和不平等也會阻礙自身的發展。這些都與自由主義的社會模式相衝突，對於自由主義來說，只要我的個人發展不受他人干預，就足夠了。他人並非我存在的主要基礎，而是危脅我存在的潛在因素。亞里士多德亦是如此，儘管眾所周知，他認為人都是政治動物。他並不認為美德或福祉具有本質的關聯。他固然認為，他人對自我的發展至關重要，孤獨的人生只適合諸神和野獸。但據麥金太爾（Alasdair MacIntyre）的研究，亞里士多德意義上的人不懂得愛為何物。[7]

認為人生的意義主要是一件個人事務，這種看法流行至今。朱立安・巴吉尼寫道，「追求意義的過程本質上是個人性的」，包含「發掘，並部分地為我們決定何為意義的能力和責任」[8]。約翰・科廷漢（John Cottingham）把有意義的人生說成是「個體在其中參與……真正值得參與的活動，這些活動反映了他或她作為自主個體的理性選擇」[9]。此話一點不假。但這段話反映了在現代普遍存在的個人主義偏見。它沒有把人生的意義看做共同的或互惠互利的事業。它沒能意識到，就定義來說，可能不存在只屬於我個人的意義，無論是人生的意義或其他什麼意義。如果我們在

7　阿拉斯戴爾・麥金太爾，《倫理學簡史》（倫敦，1968），第80頁。

8　巴吉尼，《一切都是為了什麼？》，第4，第86頁。

9　科廷漢，《論人生的意義》，第66頁。96

圖12　好景社交俱樂部

　人生的意義

他人當中並通過他人而存在，那麼，這一定密切關係到人生的意義問題。

按照我剛才提出的理論，人生的意義的兩大選項——愛和幸福——在根本上互不衝突。如果按照亞里士多德的理論，幸福是我們的能力的自由發展，如果愛是容許能力自由發展的互惠互利，那麼，兩者就沒有終極的矛盾。幸福與道德之間也沒有衝突，因為，公正而同情地對待他人，這就大的層面來說是自我發展的條件之一。那麼，我們就更沒有必要擔心這樣一種人生：就它是創造性的、有活力的、成功的、得到實現的這一面來說，它看似有意義，但另一方面它又包含對他人的虐待或踐踏。按照這個理論，人們也不必像巴吉尼說的那樣，應該在許多選項中被迫選擇什麼是良善人生。巴吉尼為人生的意義提出許多可能性——幸福、利他、愛、成就、喪失或克制自我、快樂、屬於物種的更大的善，並以他自由主義的方式說，每個選項都有點道理。相應地，他提出了挑選加混合的模式。我們每個人都像設計師一樣，從這些善中挑選自己中意的，然後捏合成獨屬於自己的獨特人生。

不過，我們可以在巴吉尼列舉的選項中畫條線，然後就會發現這些善中的大多數可以被結合在一起。舉一個好的人生的意象，比如爵士樂隊。[10] 爵士樂隊

10 這個意象的靈感來於G.A.科恩。

的即興演奏明顯與交響樂隊不同，因為很大程度上每位演奏者都可以按自己的喜好來自由表現。但是，她在這麼做的時候，對其他樂手自我表達式的演奏，懷有一種接納性的敏感。他們所形成的複合的和諧狀態，並非源於演奏一段共同的樂譜，而是源於在他人自由表達的基礎上，每位樂手都用音樂自由地表達。每位樂手的演奏越有表現力，其他樂手就會從中得到靈感，被激勵而達到更精彩的效果。在這裏，自由與「整體的善」之間沒有衝突，但這個意象與極權主義截然相反。雖然每位樂手都為「整體的更大的善」作出了貢獻，但她不是通過苦澀的自我犧牲，而只是通過表達自我。這當中有自我實現，但實現的方式是自我在作為整體的音樂中消失。其中有成就，但不是自吹自擂的成功。相反，成就——音樂本身——充當着樂手之間發生關聯的媒介。演奏的高超技巧帶來快樂，並且——因為人的力量得到了自由滿足或實現——存在着自我發展意義上的幸福。由於這種自我發展是互惠互利的，我們甚至可以寬泛地、比擬地說，這是一種愛。當然，把這一場景比做人生的意義大概是最妥當的——一方面，它使得人生富有意義；另一方面（更有爭議一些），我們如此這般行事，便可實現最佳的本性。

照這麼說，爵士樂是人生的意義？不完全是。將爵士樂比做人生的意義，那就意味着要在更大的範圍

內建構類似的共同體，而那是屬於政治的問題。自然，那是烏托邦式的奮鬥目標，但並不更糟糕。這類奮鬥目標的關鍵是要指出一個方向，不管我們將來會如何不幸地注定達不到目標。我們需要的是一種毫無目的的生活，就像爵士樂演奏那樣毫無目的。它不是要服務於某個功利目的或形而上的嚴肅宗旨，它本身就是一種愉悅。它不需要處於自身存在之外的合法性理由。在這個意義上，人生的意義有趣地接近於無意義。有些宗教信徒會覺得對人生意義的這種看法太過散漫、缺少慰藉，但他們應該提醒自己，上帝也是他自身的目的、根基、來源、理性和自我愉悅，人類只有這樣活着，才能説是分享着他的生命。宗教信徒有時會説，有信仰的人和沒信仰的人之間的一個關鍵區別是，對於前者來説，人生的意義和目的處於人生之外。但是，即使對宗教信徒來説也並非全然如此。按照古典神學的理論，上帝雖然超越俗世，但會在俗世中以深刻的真理形式存在。正如維特根斯坦曾説的：如果真的存在永恒的生命，它必然就在此地此時。作為永恒之化身的，正是此時此刻，而非這樣的時刻的無窮接續。

那麼，我們一勞永逸地解決這個問題了嗎？現代性的一個特徵是，幾乎沒有任何重大問題能夠一勞永逸地得到解決。正如我在前文所説，現代性是這樣一個時代，身處其中的我們漸漸意識到即使在最關鍵、

最根本的問題上我們也無法取得共識。無疑,我們關於人生意義的持續爭論將產生豐富的成果。但是,在這樣一個危險無處不在的世界中,我們追尋共同意義的失敗過程既鼓舞鬥志,又令人憂慮。

推薦閱讀書目

1. **Aristotle arid virtue ethics**

   The text of Aristotle most relevant to this book is the *Nicomachean Ethics*, available in Penguin Classics in an edition by Jonathan Barnes (Harmondsworth, 1976). Jonathan Barnes has also published a useful introduction to Aristotle in the Very Short Introduction series (Oxford, 2000), though not much of it deals with his ethical thought. See also D. S. Hutchinson, *The Virtues of Aristotle* (London, 1986), and Jonathan Lear, *Aristotle: The Desire to Understand* (Cambridge, 1988).

   More general studies of ethics relevant to the book's argument can be found in Alasdair MacIntyre, *A Short History of Ethics* (London, 1968) and *After Virtue* (London, 1981). A more recent, illuminating study is Rosalind Hursthouse, *On Virtue Ethics* (Oxford, 1999).

2. **Schopenhauer**

   Schopenhauer's major work, and the only one referred to in this study, is *The World as Will and Representation*, ed. E. F. J. Payne, 2 vols. (New York, 1969). Useful introductions to Schopenhauer are to be found in Patrick Gardiner, *Schopenhauer* (Harmondsworth, 1963), and Brian Magee, *The Philosophy of Schopenhauer* (Oxford, 1983). A briefer account is to be found in Terry Eagleton, *The Ideology of the Aesthetic* (Oxford, 1990), ch. 7.

3. **Nietzsche**

   Works by Nietzsche cited in this study are *The Will to Power* (New York, 1975), *Beyond Good and Evil*, and *The Birth of Tragedy*. The latter two works can be found in Walter Kaufmann (ed.), *Basic Writings of Nietzsche* (New York, 1968), a convenient selection of Nietzsche's texts. Classic introductions to his thought are Walter

Kaufmann, *Nietzsche: Philosopher, Psychologist, and Antichrist* (New York, 1950); R. J. Hollingdale, *Nietzsche: The Man and his Philosophy* (London, 1964); and Arthur C. Danto, *Nietzsche as Philosopher* (New York, 1965). See also Keith Ansell Pearson, *Nietzsche* (London, 2005), and Michael Tanner, *Nietzsche* (Oxford). A more substantial study is Richard Schacht, *Nietzsche* (London, 1983).

4. Wittgenstein

The *Tractatus Logico-Philosophicus*, first published in London in 1961, is available in abridged form in Anthony Kenny (ed.), *The Wittgenstein Reader* (Oxford, 1994). See also *Wittgenstein's Philosophical Investigations*, trans. G. E. M. Anscombe (Oxford, 1953), and *Culture and Value*, trans. Peter Winch (Chicago, 1980).

For introductions to Wittgenstein's thought, see D. F. Pears, *Wittgenstein* (London, 1971), and Anthony Kenny, *Wittgenstein* (Harmondsworth, 1973). Two more recent introductions, both lucid and helpful, are A. C. Grayling, *Wittgenstein* (Oxford, 1988), and Ray Monk, *Wittgenstein* (London, 2005). Monk is also the author of an excellent biography, *Ludwig Wittgenstein: The Duty of Genius* (London, 1990). A more advanced but equally rewarding study is G. P. Baker and P. M. S. Hacker, *Wittgenstein: Understanding and Meaning* (Oxford, 1980).

5. Modernism and postmodernism

There are various allusions throughout the book to these cultural movements, which the reader might like to have further elucidated. For modernism, Peter Conrad's monumental *Modern Times, Modern Places* (London, 1998) is worth dipping in and out of. An excellent theoretical study is Marshall Berman, *All that is Solid Melts into Air* (London, 1982). See also Raymond Williams, *The Politics of Modernism* (London, 1989), and T. J. Clark, *Farewell to an Idea* (New Haven and London, 1999).

For postmodernism, see Jean-François Lyotard, *The Postmodern Condition* (Minneapolis, 1984); Ihab Hassan, *The Postmodern Turn* (Ithaca, NY, 1987); David Harvey, *The Condition of Postmodernity* (Oxford, 1990); and Perry Anderson, *The Origins of Postmodernity* (London, 1998). Briefer studies of the trend are to be found in Alex Callinicos, *Against Postmodernism*, and Terry Eagleton, *The Illusions of Postmodernism* (Oxford, 1996). A more difficult and substantial study is Fredric Jameson, *Postmodernism, or, the Cultural Logic of Late Capitalism* (Durham, NC, 1991).

6. Marx

Marx's views on 'species being' and human nature are to be found mainly in his *Economic and Philosophical Manuscripts of 1844*.
This is reprinted among other places in L. Colletti (ed.), *Karl Marx: Early Writings* (Harmondsworth, 1975). For commentaries on these matters, see Norman Geras, *Marx and Human Nature* (London, 1983), and Terry Eagleton, *The Ideology of the Aesthetic* (Oxford, 1990), ch. 8. The essay by Louis Althusser most relevant to my argument is 'On Ideology and Ideological State Apparatuses', in *Lenin and Philosophy* (London, 1971).

7. Freud

Freud's *Introductory Lectures on Psychoanalysis* (Harmondsworth, 1973) is one of the best introductions to some of his general concepts. His discussion of the death drive is to be found among other places in *Beyond the Pleasure Principle*, trans. J. Strachey, International Psycho-Analytical Library, ed. E. Jones, 4 (London, 1950). The theme is developed by Norman O. Brown in *Life Against Death* (London, 1959). For more general accounts of Freud, see Philip Rieff, *Freud: The Mind of the Moralist* (Chicago and London, 1959), and Paul Ricoeur, *Freud and Philosophy* (New Haven and London, 1970).

8. Other works

The following works are also referred to in the book:

Julian Baggini, *What's It All About?* (London, 2004).

Isaiah Berlin, *Four Essays on Liberty* (Oxford, 1969).

John Cottingham, *On the Meaning of Life* (London, 2003).

Terry Eagleton, *Against the Grain: Selected Essays 1975–1985* (London, 1986); *William Shakespeare* (Oxford, 1986); and *Sweet Violence: The Idea of the Tragic* (Oxford, 2003).

Frank Farrell, *Subjectivity, Realism and Postmodernism* (Cambridge, 1996).

Martin Heidegger, *Being and Time* (New York, 1962).

Alasdair MacIntyre, *Dependent Rational Animals* (London, 1998).

Jean-Paul Sartre, *Being and Nothingness* (London, 1958), and *Nausea* (Harmondsworth, 1963).

Roger Scruton, *Modern Philosophy* (London, 1994).

Max Weber, *Essays in Sociology*, ed. H. H. Gerth and C. Wright Mills (London, 1991).